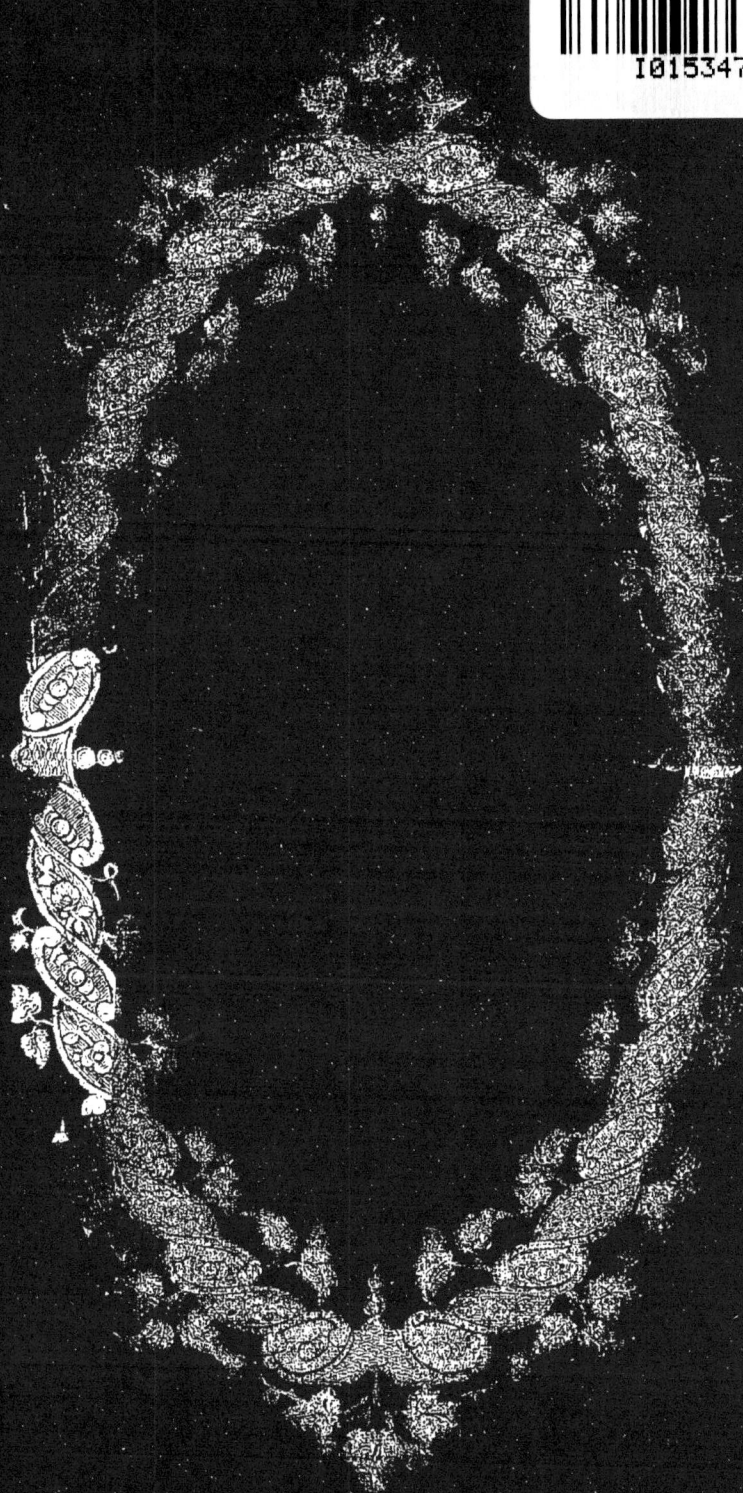

C.

BIBLIOTHÈQUE

RELIGIEUSE, MORALE, LITTÉRAIRE,

POUR L'ENFANCE ET LA JEUNESSE,

PUBLIÉE AVEC APPROBATION

DE S. E. LE CARDINAL-ARCHEVÊQUE DE BORDEAUX.

N.S. Jésus-Christ

VOYAGES

LA TERRE SAINTE.

EGYPTE - SYRIE - PALESTINE .

LIBRAIRIE DES BONS LIVRES.

LIMOGES

PARIS

CHEZ MARTIAL ARDANT FRÈRES,

CHEZ MARTIAL ARDANT FRÈRES,

Rue des Taules.

Quai des Augustins, 25.

VOYAGE

A LA

TERRE SAINTE

MONUMENTS, MŒURS, USAGES

DE

L'ÉGYPTE, LA SYRIE, LA PALESTINE.

ÉDITION REVUE

Par M. l'Abbé ROUSIER.

LIBRAIRIE DES BONS LIVRES.

LIMOGES	PARIS
Chez Martial Ardant Frères,	Chez Martial Ardant Frères,
rue des Taules.	quai des Augustins, 25.

1856

VOYAGE

A LA TERRE SAINTE.

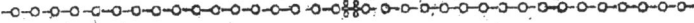

‒o‒o‒o‒o‒o‒o‒o‒o‒o‒o‒o‒o‒o‒o‒o‒o o‒o‒o⁂o‒o‒o‒o‒o‒o‒o‒o‒o‒o‒o‒o‒o‒o‒o‒

I

Introduction. — Malheurs domestiques. — Retour d'Alfred. — Projets de voyage. — Choix de la Terre-Sainte comme le pays le plus intéressant.

M. Belwel habitait un des comtés septentrionaux de l'Ecosse : il était un descendant d'une famille restée fidèle à la religion catholique, malgré les nombreuses défections qu'occasionnèrent dans l'Angleterre et dans l'Ecosse les folles rébellions de la prétendue Réforme. Riche, aimé et estimé de tous ceux qui le connaissaient, et particulièrement heureux sous le rapport des liens de famille, il fut tout-à-coup précipité de cet état de bonheur terrestre dans une douleur si accablante que sa santé et sa raison en furent ébranlées, quelque désir qu'il eût d'ailleurs, comme homme plein de religion, de se montrer résigné aux décrets de la volonté divine, et quelques efforts qu'il fît pour supporter patiemment ses épreuves. La mort venait de lui enle+ver subitement, et à la fleur de son âge, la compagne chérie de sa vie, la mère de ses trois charmants enfants. Elle s'était entièrement vouée à l'éducation d eses deux jeunes filles, qu'elle dirigeait avec toute la sollicitude d'une fervente catholique. Alfred son fils, son premier-né, avait été envoyé, pour quelques années, dans un des premiers colléges du nord de l'Angleterre, et voyait avec joie approcher le moment de son retour au milieu de ses parents chéris, lorsque lui parvint la funeste nouvelle que sa tendre mère, celle qu'il n'avait pas revue depuis trois ans, venait de lui être ravie pour toujours !

Nous n'entreprendrons pas la tâche pénible de décrire l'affreux désespoir, le cruel désappointement d'un fils affectueux et souffrant ; mais nous pouvons dire qu'il sut assez maîtriser sa triste douleur pour ne s'occuper que de celle de son père. Ce bon père n'avait pas manqué d'aller le voir régulièrement chaque année depuis qu'il était éloigné du toit paternel, et chaque visite avait trouvé une nouvelle preuve en faveur des progrès, de l'esprit et du jugement précoce d'Alfred. Son vif attachement pour ses parents, ainsi que les rapports de ressemblance qui existaient entre son caractère et le leur, surpassaient ce qui, en général, se voit chez des personnes dans une position anologue.

Alfred se rappelait que, pendant les visites de son

père, quelque courtes qu'elles fussent, il ne manquait pas de recevoir des lettres de cette épouse affectionnée ; il se rappelait aussi combien son père désirait la présence de cette amie, lorsqu'il arrivait de ces circonstances dont elle eût pu tirer des causes de joie et de bonheur ; et qu'après plusieurs jours d'absence, malgré toute sa tendresse de père, M. Belwel ne pouvait résister au violent besoin de hâter son retour vers sa femme si justement chérie.

Pendant que ces souvenirs occupaient le fils, le père était plongé dans la douleur la plus vive ; ses amis le pressèrent de rappeler immédiatement Alfred auprès de lui, comme le seul moyen d'adoucir son chagrin. M. Belwel résista longtemps à leurs prières, dans la pensée que son pauvre fils trouverait des distractions au milieu de ses camarades de collége, ce qui compenserait le coup terrible qui venait de lui être porté, et qu'il serait mieux sous les soins attentifs d'un bon maître qu'en revenant dans une maison si changée et si triste. Il désirait aussi, ému par un sentiment sincère de religion, pouvoir reprendre un peu de calme d'esprit, et montrer plus de résignation qu'il n'avait encore pu en témoigner avant que son fils ne vînt pour voir la situation d'esprit dans laquelle il se trouvait alors.

Mais, hélas ! ses efforts furent si violents que, en dépit d'une constitution qui jusqu'alors avait été aussi vigoureuse et aussi bonne que celle du plus robuste montagnard, il eût succombé, si les médecins ne lui eussent ordonné de voyager. Ce projet ne lui plaisant pas, sa sœur, qui remplaçait déjà madame Belwel auprès de ses filles, fit à son insu revenir Alfred, afin qu'il joignît ses instances aux siennes pour le déterminer à suivre des conseils qui promettaient d'améliorer à la fois l'état de son esprit et de sa santé.

L'entrevue entre le père et le fils fut déchirante; mais, après les premières émotions, chacun de son côté chercha, par un sentiment d'amour pour l'autre, à se calmer, et madame Macdonald, tante d'Alfred, obligée de retourner dans sa famille, vit avec joie qu'Alfred pourrait opérer chez son frère l'heureuse diversion qu'elle en avait espérée. Lorsqu'elle eut expliqué à son neveu l'état véritable de son père, le jeune homme, inquiet et affectueux, ne mit aucun retard à agir.

— Mon cher père, vous avez perdu tout le charme de vos projets agricoles; tout ce qui est dans la maison et dans les environs est empreint d'un souvenir désolant. Voulez-vous consentir à faire un voyage en France, puis en Italie?

— J'ai vu ces deux pays; toutes leurs beautés classiques son gravées dans ma mémoire, et je ne me sens aucune envie de les revoir.

— Je n'ai pas de peine à le croire, mon père; un esprit aussi cruellement abattu que le vôtre ne saurait être ému ni excité par des causes de cette nature; mais pardonnez-moi si j'ose dire qu'il y a un grand voyage qui ne saurait manquer de vous intéresser, et dans lequel je serais si heureux d'être votre compagnon.

— En vérité ! Où voudriez-vous donc aller, Alfred ?

— A la Terre-Sainte, mon excellent père; vers ces lieux gravés dans nos cœurs par les associations les plus sacrées; à Jérusalem, cette ville qui fut autrefois la cité la plus glorieuse de toute la terre ; à Bethléem où naquit le Rédempteur du monde. Oh ! qu'il me tarde de fouler le mont des Oliviers, où mon Sauveur s'est si souvent promené entouré de ses disciples, et de pleurer sur le mont Calvaire, où il a tant souffert! Certes, parmi le grand nombre d'objets qui fixent l'attention, il n'en est pas qui soient plus dignes d'être visités.

M. Belwel leva sa tête abattue et fixa son fils avec une attention qui disait tout l'intérêt qu'il prenait à ce sujet ; et Alfred, heureux d'avoir excité son esprit, continua :

— Vous savez depuis longtemps, mon cher père, que notre illustre compatriote Bruce, dans la relation de son voyage en Egypte, a jeté beaucoup de clarté sur certains passages de l'Ecriture sainte ; nous sommes entourés de pauvres soldats retirés qui ont vu les pyramides et les déserts, et j'ai appris que M. Rae Wilson est en ce moment en route pour s'y rendre. Pourquoi ne le suivrions-nous pas, certains que nous devons être que les restes d'antiquité, la confirmation des faits historiques, l'influence bienfaisante des émotions de la religion, ne manqueront pas de nous arracher à une inutile douleur, et nous

1..

porteront à rechercher avec plus de constance cette source de glorieuses consolations qui peut seule nous soutenir dans notre affliction.

— Mon cher enfant, vous avez parfaitement raison ; mais vous ignorez les fatigues et les dangers du voyage ; croyez-moi, Alfred, un voyageur de dix-sept ans y résisterait difficilement.

— Ne craignez rien, mon père ; comme vous je suis un montagnard, et j'ai toujours été un si ardent amateur et un admirateur si sincère de la rude vie de nos compatriotes, que je n'ai jamais souffert que les douceurs de l'Angleterre vinssent amollir mes dispositions naturelles. Je me considérerai d'ailleurs comme votre compagnon de voyage, comme votre consolateur, et je vous assure que, pour l'amour de vous, Dieu me prêtera des forces et applaudira à mon pélerinage.

— Mon cher fils, dit M. Belwel en le pressant sur son sein, je cède à vos désirs ; et, comme je sais combien il est difficile de m'arracher des lieux qui contiennent la dépouille de celle que mon cœur voudrait rejoindre, je me rendrai demain chez votre chère tante ; je ferai mes adieux à vos sœurs, et préparerai tout pour notre prompt départ, dans la crainte de retomber dans l'état désespéré dont vous m'avez si heureusement tiré.

II

Départ. — Paris. — Lyon. — Marseille. — Embarquement. — Ile de Candie. — Tempête. — Les Baleines. — Arrivée au port d'A-lexandrie.

Tous les arrangements qui étaient nécessaires à l'accomplissement des désirs de nos voyageurs furent bientôt pris, car les amis de M. Belwel voyaient l'urgence de stimuler l'action de son esprit, et se réjouissaient de le voir prendre la détermination de se faire accompagner par son fils; convaincus que, en lui donnant l'instruction dont il avait encore besoin pour compléter son éducation et orner son esprit de connaissances utiles, le père se créerait une occupation intéressante qui devait le distraire de ses douloureux souvenirs, et le porterait à se soumettre avec plus de résignation à Dieu, qui avait jugé convenable de l'affliger.

Nous passerons sous silence ce qui leur arriva jusqu'à Paris, où M. Belwel ne resta que quelques jours pour voir le Louvre et beaucoup d'autres monuments dignes d'attention. Les églises, les bibliothèques, les musées, les jardins, les palais et les catacombes furent tour à tour visités, et plus particulièrement les lieux signalés dans l'histoire par des faits remarquables ; M. Belwel sachant que les souvenirs ainsi rappelés se graveraient avec plus d'intérêt dans la mémoire d'Alfred pour l'avenir.

De Paris ils se rendirent à Lyon, la ville catholique par excellence, et célèbre depuis longtemps par ses manufactures de soieries ; et de là à Marseille, ancienne et belle ville, où ils furent obligés de s'arrêter quelque temps pour y attendre les lettres dont ils avaient besoin pour l'Orient. La principale de ces lettres était celle de la *Propagande des Fidèles de Rome*, adressée aux supérieurs des couvents de la Terre-Sainte, ainsi que des recommandations pour les consuls anglais et français à Constantinople, et d'autres lettres de voyageurs distingués, qu'ils reçurent à temps.

Ils s'approvisionnèrent aussi de tout ce dont ils pouvaient avoir besoin, surtout de montres et de lunettes d'approche pour cadeaux, et d'autant d'argent en espèces qu'ils purent, car ils furent informés qu'il serait possible qu'ils n'en trouvassent que difficilement à Alexandrie. Ils s'étaient déjà procuré d'excellents pistolets et beaucoup d'autres choses nécessaires, principalement d'une caisse de médicaments d'Angleterre , où ces objets sont fabriqués avec soin.

Enfin , vers la fin de septembre , ils s'embarquèrent pour Candie, l'ancienne Crète, où saint Paul lui-même prêcha l'Evangile. On concevra facilement qu'Alfred , dont l'éducation chrétienne avait été très soignée, ait eu l'esprit plein de ce souvenir religieux. Il n'eut aucune peine à se rappeler que saint Paul avait établi Tite , son cher disciple , évêque des Crétois , et que dans l'épître qu'il lui écrivit il lui recommande de les reprendre durement et avec force , afin qu'ils ne s'attachent point aux fables judaïques, aux ordonnances humaines et aux pratiques de la loi, et qu'ils demeurent fermes dans la foi ; car *les Crétois,* selon le témoignage d'un de leurs poètes, *sont toujours menteurs, de mauvaises bêtes, des ventres paresseux* (1).

Alfred sentit battre son cœur à l'approche du premier lieu dont il put réjouir ses yeux , qui s'attachèrent avec avidité sur une terre immortalisée par l'histoire sacrée.

Mais que son attente fut cruellement trompée ! Candie était habitée par des Mahométans ; et quelques Grecs , disséminés parmi eux , ne firent qu'exciter le sentiment de regret que causait leur affreux destin , puisqu'ils étaient les esclaves d'une race

---

(1) Ce poète dont parle l'Apôtre n'est autre que le poète Epiménide, natif de Crète, qui a porté ce témoignage contre ses propres compatriotes.

cruelle et infidèle, dépourvue de la religion qui adoucit , et des connaissances qui embellissent la vie civilisée. Les épaisses brumes, si fréquentes dans ces parages, ne leur permirent pas de découvrir les côtes de la Grèce ; mais quand ils eurent quitté Candie, et que la brise eut dissipé les brouillards, ils remarquèrent des nuées d'hirondelles en migration, et cinglèrent rapidement vers Alexandrie.

Déjà ils pouvaient apercevoir les obélisques connus sous le nom d'Aiguilles de Cléopâtre, et observer que l'extrême pureté de l'air et la beauté du ciel étoilé avaient dû faciliter aux anciens Egyptiens l'étude de l'astronomie , lorsque tout-à-coup un vent violent, soufflant de terre, vint renverser leur espérance de débarquer. En peu de temps l'orage devint furieux ; des trombes immenses s'élevèrent entre le ciel et l'eau , et causèrent les plus vives alarmes à l'équipage. Pendant toute la nuit et une grande partie du jour suivant, leur navire fut le jouet des flots. Au grand déplaisir d'Alfred, les passagers durent rester dans leurs chambres ; mais enfin le vent et les flots s'apaisèrent. Rendus à l'espérance par le retour du beau temps, les passagers remontèrent sur le pont (1).

— Voyez, mon père, s'écria Alfred , combien d'énormes poissons ! Maintenant que l'orage est passé ils viennent se jouer autour du vaisseau : il y en a qui sont presque aussi longs que le navire.

— Oui , mon fils , et même plus longs ; je suis

---

(1) Le pont d'un vaisseau est le plancher qui forme l'étage.

charmé que le hasard les offre à notre vue ; ils con-
firment la vérité de la parole de l'Ecriture en ce qui
concerne Jonas, qui fut englouti par une baleine
dans ces mers ; car il y a des personnes qui nient
que des poissons de cette grandeur soient trouvés dans
ces parages.

Ils entrèrent dans la rade d'Alexandrie, où ils
virent d'innombrables vaisseaux de toutes les nations
attendant des chargements de blé ; car telle est
l'abondance de la terre d'Egypte que, malgré la mauvaise administration de son gouvernement, elle est
un grenier d'abondance pour les autres pays ; et, au
milieu de la tyrannie et des privations, elle possède
encore une partie importante de commerce, grâce à
la fécondité du sol.

III

Egypte. — Alexandrie. — Description de cette ville ancienne et moderne. — Monuments. — Mohammed-Ali-Pacha. — La vermine. —
Caravansérails.

— Soyez le bien-venu, mon père, sur le sol de
l'Egypte, le plus ancien de tous les pays, ou, pour
mieux dire, le siége de tous les empires.

— Vous avez raison, mon enfant ; l'Égypte, sans aucun doute, est le plus ancien des royaumes depuis le déluge ; c'est aussi la mère des sciences et des arts, et le lieu où le vrai Dieu a le plus signalé son pouvoir en faveur de son peuple ; c'est là que le patriarche Joseph, fils de Jacob, donna un exemple mémorable de vertu ; c'est là que Moïse fit éclater la puissance de Dieu en faveur du peuple hébreu ; c'est là que le Sauveur du monde fut transporté pour échapper aux projets déicides d'Hérode; c'est un pays vraiment plein d'un grand intérêt.

— Oh, oui ! je me rappelle tous ces traits ; je sais aussi qu'Alexandrie fut bâtie par Alexandre-le-Grand, et posséda autrefois la première bibliothèque du monde avant l'invention de l'imprimerie : c'est dans cette bibliothèque que se trouvait la fameuse traduction de l'Ancien Testament, faite de l'hébreu eu grec par soixante-dix interprètes choisis. Elle fut livrée aux flammes par le calife Omar, en l'année 641. Ici vécut Cléopâtre, dans une magnificence qui ne saurait être égalée par aucun potentat moderne ; ici elle mourut de sa propre main au milieu de ses trésors qu'elle ne pouvait plus sauver; et sur ce sable, le malheureux Pompée, dont la grandeur remplissait le monde, fut assassiné et trouva une tombe mesquine.

De la contemplation du passé, nos voyageurs vinrent à considérer l'état actuel; tout ce qu'ils voyaient leur prouvait la nécessité de veiller sur eux-mêmes et sur leur propriété, et de se procurer sans retard

une suite dévouée qu'exigeait leur position. Il leur
fallait un interprète et un guide ; mais M. Belwel ne
voulut pas en prendre qu'il n'eût vu le consul. Ils
avaient déjà pu s'apercevoir qu'ils ne devaient s'attendre à voir autour d'eux ni honneur ni probité. Ils
se dirigèrent vers la partie de la ville occupée par les
Francs, remarquant partout que les habitants étaient
couverts de haillons, et que la ville actuelle n'était
guère plus qu'une ruine triste et mélancolique du
souvenir de ses anciennes gloires.

Le consul s'empressa de leur procurer tout ce qui
était nécessaire à l'accomplissement de leurs vues ;
mais depuis longtemps ils savaient qu'ils ne devaient
pas s'attendre à trouver en Egypte les douceurs auxquelles ils étaient accoutumés en Angleterre ; ils devaient donc se soumettre aux désagréments de tout
genre et aux friponneries de toute espèce.

La beauté du climat, la nouveauté de ce qui les
environnait, et l'importance des objets qui attiraient
leur curiosité, semblèrent rendre tout facile le but
de leur voyage. Le lendemain ils allèrent visiter la
colonne de Pompée, située du côté des murailles.
Elle a environ cent pieds de hauteur ; elle est en granit rouge à chapiteau corinthien ; le piédestal sur
lequel elle est élevée est en partie brisé et emporté,
ce qui fait que cette magnifique colonne penche
légèrement, et il est réellement étonnant qu'elle
puisse, depuis si longtemps, rester dans cet état.
Elle faillit une fois être détruite par des Arabes qui
voulaient la faire sauter au moyen de la poudre à

canon. Plusieurs marins anglais, et même une dame irlandaise, sont parvenus jusqu'au sommet au moyen d'une corde qui y fut fixée en lançant un cerf-volant. A ce récit Alfred manifesta le désir d'imiter ce voyage aérien ; mais il ne trouva personne qui pût le seconder, parce qu'il n'y avait pas de marins anglais dans le port. De là ils allèrent voir les aiguilles curieuses de Cléopâtre. Ces gigantesques obélisques sont célèbres depuis bien des siècles, et l'on suppose qu'ils furent érigés à l'entrée du palais de cette reine : ce sont des colonnes carrées de granit rouge, couvertes d'innombrables hiéroglyphes gravés à la profondeur de trois centimètres. L'un de ces obélisques est perpendiculaire ; l'autre est obliquement renversé sur son piédestal. Ils ont vingt-trois mètres de hauteur, et leurs piédestaux en ont trois. On a en vue, depuis quelques années, de transporter l'obélisque renversé en Angleterre, le pacha en ayant accordé la permission ; mais son poids énorme de cent quatre-vingt-dix tonneaux ou dix-huit mille kilogrammes, et les frais que ce transport occasionnerait, en ont jusqu'ici empêché l'exécution.

M. Lee, alors consul d'Angleterre, présenta M. Belwel et son fils au pacha, cérémonie qui eut lieu en même temps que les autres consuls et leurs amis furent aussi reçus. Alfred fut frappé du changement des choses en Egypte, depuis que Ramsès IV, surnommé Miaman, reçut Moïse et Aaron, et même depuis que Cléopâtre reçut Antoine avec toute la pompe orientale, car Sa Hautesse Méhémet-Ali les admit dans un lieu qui ressemblait plutôt à une grange qu'à un palais. Il était assis dans un coin, place d'honneur, les jambes croisées sur un tapis turc de la grandeur d'un tapis de cheminée, fumant dans une pipe de six pieds de longueur, dont l'embouchure d'ambre était garnie de diamants, splendeur universellement adoptée dans l'Orient. Derrière lui, un esclave, debout, chassait les mouches avec un éventail. Au moyen d'un interprète, il adressa beaucoup de questions à M. Belwel et aux autres Européens, et d'une manière qui prouvait sa sagacité et son intelligence ; il témoigna beaucoup de prédilection pour les Anglais en les faisant placer auprès de lui, et parlait de leur souverain comme de son ami particulier. Il était bien satisfaisant pour nos voyageurs d'entendre tout le monde parler de leur patrie avec le plus grand éloge, et de voir que sir Ralph Abercromby, qui fut tué à la bataille d'Aboukir, livrée aux Français, fût généralement regretté dans des termes d'admiration et d'affection.

Ayant satisfait leur curiosité quant à Alexandrie, ils se dirigèrent sur Rosette par le désert, voyageant sur des mulets dont le pas est préférable à la marche lente et ennuyeuse des chameaux, qui sont généralement en usage dans ces contrées.

Après un voyage fatigant d'un jour, ils furent obligés de passer la nuit dans un misérable castané ou café couvert de paille, et fourmillant d'Arabes, dont les gestes et la contenance sauvages et farouches furent sur le point d'alarmer nos voyageurs. Cepen-

dant ils furent bien moins désagréables que la vermine dont ils sont couverts ; les étrangers en furent
bientôt infectés., et Alfred en fut tellement piqué
qu'il était tout couvert de sang. A la première lueur
de l'aurore, il sortit de son gîte pour se nettoyer et
éviter à son père la vue de son corps ensanglanté.
Heureusement son père avait les yeux sur lui ; car si
M. Belwel n'était venu, ses pistolets à la main, il
est présumable qu'Alfred, sans défense, aurait été
enlevé par un parti d'Arabes qui le guettaient, et
ils se seraient sauvés au galop avec lui pour en faire
un esclave, ou le retenir pour en obtenir une rançon.

Le jour suivant, ils rencontrèrent beaucoup de
chameaux chargés de marchandises entassées sur leur
dos à une hauteur surprenante ; d'autres ayant des
panier d'osier pendus des deux côtés, contenant des
femmes et des enfants, comme chez nous on voit
transporter les oies au marché. Le soir ils s'arrêtèrent
à un caravansérail, grand bâtiment élevé aux dépens
publics, où l'on trouve un asile et des rafraîchisse-
ments, différant en cela d'un khan, qui est aussi une
espèce d'auberge, mais ne servant que d'abri. On ne
doute point que ces bâtiments soient dans le même
genre de ceux en usage du temps de Notre-Seigneur,
car il est dit que le bon Samaritain confia l'homme
blesé aux soins d'un de ceux qui tenaient un caravansérail ou auberge.

IV

Enfin, à leur grande joie, Rosette s'offrit à leurs yeux, et comme les maisons sont pour la plupart à terrasses où croissent des plantes, et que la ville est environnée de jardins, cette vue leur fut très agréable, et leur promettait des douceurs dont ils avaient un grand besoin.

Mais cette espérance ne se réalisa point à leur arrivée, car ils trouvèrent la même misère et les mêmes insectes. A leur entrée dans la ville ils virent un mort, bien lavé et vêtu de ses plus beaux habits, qu'on allait enterrer sans être autrement couvert. Ils apprirent qu'il y avait à peine deux heures depuis l'instant où il avait rendu le dernier soupir. Il fut mis en terre sans autre cérémonie qu'un profond silence, en signe de résignation à la volonté du ciel. L'excessive chaleur du climat oblige à hâter les funérailles, et à abréger les cérémonies religieuses qui appellent le concours de beaucoup de personnes.

En traversant les rues, Alfred fut étonné de voir un groupe d'enfants déguenillés formant un cercle, et bientôt il reconnut qu'ils apprenaient quelque chose. Le maître était assis, les jambes croisées, sur une planche, dandinant son corps çà et là, et tenant une baguette levée sur la tête de l'enfant qui paraissait répéter une leçon, et qui, à l'imitation du maître, dandinait son corps et semblait un idiot. On apporta une autre planche couverte de sable, et chaque enfant écrivit; faisant ainsi usage de la méthode importée d'Orient par le docteur Bell, et depuis si universellement adoptée dans les écoles.

A Rosette, les palmiers sont très beaux, et Alfred s'amusa beaucoup de la dextérité avec laquelle les Arabes cueillent les dattes, au moyen d'un panier et d'une corde qu'ils lancent avec un nœud coulant sur l'arbre; et alors, se soutenant avec cette corde, ils montent degré par degré jusqu'aux branches.

Ils s'embarquèrent sur le fleuve célèbre du Nil, et, pendant tout le cours de leur voyage, ils admirèrent ce pays pittoresque et remarquable, et surtout si fertile. Les majestueux palmiers, les mosquées, les minarets, la végétation de la seconde moisson, tout ravissait; mais ce ravissement était dû à ce que les sales habitants et leurs maisons, construites de boue, n'avaient point frappé leur vue; cependant la canja (1) dans laquelle ils remontaient le Nil leur

(1) Petit bateau en usage sur le Nil.

offrait l'exemple de la malpropreté et de la misère qui règnent partout en Egypte.

Ils débarquèrent à Boulak, à quelque distance du Caire, où ils se rendirent à pied, suivis de leur interprète, accompagnant leur bagage qu'ils ne perdirent pas de vue qu'ils n'eussent trouvé un logement convenable, quelque misérable qu'il fût. Alfred ne revenait pas de surprise qu'on eût donné le nom de Grand-Caire à cette ville où il ne voyait que boue, saleté, des rues misérables, des maisons à fenêtres brisées, des chambres couvertes au plafond avec des toiles d'araignées, et toute espèce d'immondices en bas. Elle ne lui parut que le grand réceptacle des choses les plus désagréables.

Losqu'ils eurent fait une visite à M. Brigs, consul d'Angleterre, qui les reçut avec beaucoup d'aménité, leur situation fut tellement améliorée qu'Alfred reprit courage, et cessa de se reprocher d'avoir attiré son père dans les embarras d'une entreprise pénible; et quand M. Brigs les accompagna au Puits-de-Joseph, il commença à croire que le plaisir du voyage méritait bien les peines qu'il causait.

Ce puits est creusé dans le roc vif, à une profondeur de deux cent quatre-vingts pieds : il a quarante-deux pieds de circonférence; on arrive au fond par un escalier tournant, où l'on voit des bœufs employés à tourner des roues au moyen desquelles la citadelle est constament fournie d'eau. Le mécanisme ressemble à celui de la double pompe d'un vaisseau de guerre; environ six cents pots de terre sont fixés à une corde de distance en distance, de sorte que ceux qui descendent sont renversés, et ceux qui remontent sont remplis.

Cette excavation extraordinaire, quoique généralement attribuée au patriarche Joseph, est par d'autres attribuée à un visir mahométan de ce nom, ce qui est plus probable, car on montre son tombeau dans un des côtés du puits : on y entretient sans cesse une lampe allumée. De là ils allèrent au palais du pacha, et furent surpris d'y voir régner partout une magnificence qui justifiait beaucoup mieux l'opinion que l'on a de la pompe orientale que tout ce qu'ils avaient vu jusqu'alors. La salle d'audience est majestueuse, garnie de fenêtres desquelles on a une très belle vue sur la ville et les environs. Elle est meublée de riches divans, d'un immense lustre suspendu au milieu du plafond, et, au lieu de tableaux, les murailles sont ornées de passages du Koran.

En revenant du palais, leur curiosité fut excitée par tout ce qu'ils voyaient; la foule se pressait lentement dans des rues étroites qu'on pourrait avec plus de raison appeler des ruelles ; là ils virent pêle-mêle une foule immense, des chameaux et des dromadaires chargés de balles de coton, des hommes de toutes les nations caracolant sur des mulets de louage, habillés selon leurs tribus et leurs pays; des Arabes sur leurs fougueux coursiers richement harnachés, des femmes sur des ânes, assises de côté, la figure enveloppée, n'ayant d'ouverture que ce qui est indispensablement nécessaire pour voir. C'était un tableau pittoresque et curieux, qui ne se voit qu'en Orient.

Les bazars leur offrirent un nouveau spectacle par la variété et la richesse des marchandises. De beaux schals de Perse, de la valeur de cinq cents louis, n'y étaient pas rares ; mais ce qui frappa surtout Alfred, ce fut de voir les hommes brodant au tambour, ce qu'ils faisaient de la manière la plus ingénieuse. Là les marchés se font dans le plus grand silence entre le vendeur et l'acquéreur, dont les mains sont cachées sous un manteau ; et sans prononcer un mot, seulement par un attouchement de la main à la main, des marchés pour des sommes immenses sont conclus et ratifiés.

Des bazars ils se rendirent au marché des esclaves, et y furent témoins du spectacle le plus dégradant que puisse offrir l'espèce humaine. En chemin ils rencontrèrent beaucoup d'enfants dont les yeux étaient dans le plus affreux état. Des essaims d'insectes se portent surtout à la vue de ces pauvres êtres, qui ne savent comment se garantir de leurs cruels ennemis, et semblent au contraire les considérer comme sacrés ; ils se nichent dans le coin des yeux déjà remplis de sable et de sueur, et y causent des excoriations qu'il devient plus tard impossible de guérir.

Ce marché des esclaves est une cour spacieuse, environnée d'une plate-forme à laquelle aboutit une rangée de petites chambres où l'on tient les esclaves destinés à la vente.

Ces pauvres créatures sont entassées dans un état misérable , pire que les bestiaux en Europe ; la plupart sont impatients d'être vendus pour jouir d'un peu de liberté , de lumière , d'air et d'assez de nourriture pour vivre , car celle qu'on leur donne ne saurait leur suffire. Il faut rendre justice aux acheteurs : ils sont généralement bons et humains pour leurs esclaves qui maintenant paraissent , à l'égard de leur maître , se trouver sur la même ligne que les hommes de peine dont parle l'Ancien Testament, et il n'est pas rare de voir le maître donner sa fille à un esclave qu'il juge digne de cette faveur.

Les bains du Caire sont très beaux ; mais le nombre des mosquées fixa plus particulièrement l'attention de nos voyageurs ; une surtout, autrefois église catholique, est soutenue par cent colonnes prises à d'autres édifices. La plus belle est celle du Kubeel-Azal, qui est surmontée d'un dôme majestue ux. Elevée sur une base à seize façades, les murs sont ornés de porphyre rouge et vert, d'inscriptions dorées, de lampes et d'embellissements brillants. Les Juifs ont aussi leur synagogue qui compte seize cents ans d'existence, qu'on dit construite sur l'emplacement où le prophète Jérémie résida autrefois ; les Juifs se vantent aussi d'y conserver une copie des lois écrites par Eora.

·⊷⊶⊷⊶⊷⊷⊶⊷⊶⊷⊶⊷⊶⊷⊶⊷⊷⊷⊶⊷⊶⊷⊶⊷⊶⊷⊷⊷⊶⊷⊶⊷⊶⊷⊶⊷⊷⊷⊶⊷⊶⊷

V

Bassin où Moïse fut trouvé. — Les Pyramides. — Temple. — Le Sphinx. — Manière de faire éclore les poulets. — Femmes. — Costumes. — Départ du Grand-Caire. — Le Désert. — Asdoud. — Jaffa. — Le Couvent. — Générosité de l'aga, etc.

Quoique le chagrin de M. Belwel l'empêchât d'éprouver du plaisir à ses voyages, il désirait ardemment que son fils, aux soins de qui il devait toute sa consolation, vît tout ce qui en méritait la peine dans ce pays de prodiges ; en conséquence, ils quittèrent le Grand-Caire pour aller voir les pyramides et les ruines qui les environnent, qui depuis tant d'années excitent l'attention du monde entier.

Ils traversèrent le Nil au vieux Caire, et s'arrêtèrent dans une petite île nommée Roïda, où l'on voit une colonne qui sert à mesurer la hauteur du fleuve, et où, selon la tradition, Moïse fut trouvé dans sa corbeille des joncs. Cette colonne est le *nilomètre*. Comme l'île est couverte d'arbres et assez éloignée de l'ancienne ville pour qu'on pût s'y cacher facilement, et qu'autrefois les bains n'étaient point une

partie de plaisir et de délassement, mais bien un acte
de dévotion religieuse, la princesse qui trouva Moïse
devait y avoir une place désignée ; et certes aucune
autre n'était plus propice que celle dont parlent les
Ecritures. Nos voyageurs admirent donc, sans le
moindre doute, que ce pouvait bien être dans cette
île que cette circonstance extraordinaire de la vie
du saint législateur des Hébreux devait avoir eu lieu.

On était au mois de décembre. Dans leur trajet à
Gizeh, ils furent frappés de la différence surprenante
qui existait entre ce qu'ils voyaient et ce qu'ils
avaient vu à la même saison dans leur pays du nord.
Les pâturages étaient dans toute leur beauté ; les
pois à fleurs remplissaient l'air de leur parfum, et
les bergers faisaient paître leurs troupeaux, ainsi
que l'avaient fait tant de siècles avant, et dans les
mêmes lieux, les enfants d'Israël. Ainsi que dans
leurs voyages précédents, ils furent assaillis des
mêmes désagréments, et préférèrent passer la nuit
en plein air, plutôt que d'entrer dans une hutte de
boue pour y être dévorés par la vermine et les insectes de tout genre. Le lendemain matin, ils se préparèrent à franchir la courte distance qui les séparait
encore de la grande pyramide, et une foule de misérables habitants les entourèrent en leur offrant de
les guider, quoiqu'ils fussent arrivés escortés par un
conducteur de confiance.

Malgré tout ce qu'Alfred avait lu ou entendu dire,
et quoiqu'il eût cherché à élever son imagination à
la hauteur du sujet, néanmoins, lorsqu'il arriva à la

base de la grande pyramide, il fut si saisi qu'il ne put émettre les pensées qui l'agitaient. A une certaine distance, l'effet, quoique grand et imposant, n'avait point agi sur lui comme il s'y était attendu; mais cette masse énorme de pierres amoncelées et taillées par la main des hommes, vue de près dans sa grandeur effrayante, et comparée à ces êtres si faibles se traînant à sa base, agit si étonnamment sur son esprit qu'il fut quelque temps sans pouvoir exprimer ses sensations.

Aussitôt qu'il le put, Alfred manifesta l'intention d'explorer l'intérieur, les chambres que l'infatigable Belzoni avait découvertes, et il ne quitta pas les lieux qu'il n'eût remarqué tous les objets dont il avait entendu parler, et qui ont été si bien décrits dans d'autres ouvrages que nous ne voulons pas arrêter nos lecteurs par de nouveaux détails, afin de porter leur attention sur d'autres sujets.

Le Sphinx, qui, par les soins étonnants de Belzoni et d'autres personnes, avait été en grande partie déblayé, était de nouveau presque caché dans le sable. C'est une statue colossale de cette créature imaginaire, taillée dans le roc vif; l'expression de la figure est aussi douce et agréable que celle d'une femme aimable.

Ils eurent le plaisir d'apprendre que plusieurs voyageurs anglais avaient réussi à faire d'importantes découvertes dans diverses parties des environs, surtout à Edfor, l'ancienne Apollinopolis-Magna, où ils étaient parvenus, à force de travail et de dépense, à déterrer un temple magnifique, orné de grandes colonnes, de statues colossales, etc. ; le tout en très bon état, malgré des siècles : en sorte qu'il est impossible de préciser la date de ces restes d'ancienne grandeur. La sécheresse du climat, en conservant en Egypte, mieux que partout ailleurs, des curiosités de cette espèce, fait que les voyageurs trouvent une compensation digne des peines et des désagréments qu'ils éprouvent; car si, par quelque moyen que ce soit, on réussit à porter les habitants de ce pays, paresseux, avares et féroces, à écarter le sable qui recouvre leurs temples et leurs statues, on trouve ces antiquités précieuses dans un état de préservation complet; l'humidité ne les a pas corrodés, la mousse et les lichens n'en ont pas mangé les couleurs, et ils se réveillent de leur sommeil de trois mille ans avec la beauté et la fraîcheur de leurs premiers jours.

En revenant au Grand-Caire, ils visitèrent les fours où l'on fait éclore les poulets, industrie portée, dans plusieurs endroits, au plus haut degré de perfection. Ils sont construits sous terre, en deux chambres en face l'une de l'autre, ayant un passage étroit qui sert de communication entre elles, et ont trois ou quatre pieds de hauteur, ayant des trous dans le haut qui s'ouvrent ou se ferment à mesure que la chaleur est nécessaire pour l'augmenter ou la diminuer; elles sont échauffées par un feu étouffé pendant dix jours, et l'on a soin de retourner journellement les œufs; alors un feu très doux est entretenu, et le vingt-deuxième jour, les poulets cassent la coquille, ce qui offre un spectacle amusant et extraordinaire. En revenant d'examiner ces fours, ils furent assez heureux pour rencontrer une noce dont la vue fit beaucoup rire Alfred. La jeune mariée, une enfant, était sous un dais, complétement voilée et couverte de toute sorte d'ornements; de chaque côté marchaient deux matrones d'énorme corpulence, précédées de musiciens et suivies d'une foule de dames et d'étrangers. Dans toutes leurs communications avec les Musulmans, ils ont reconnu que la femme est considérée comme infiniment inférieure à l'homme; on ne consulte jamais son jugement, ni ses désirs, ni ses sentiments, et, lors même qu'elle reçoit des marques de distinction, c'est en considération de l'homme et nullement de son mérite personnel. Lorsque Alfred en fit l'observation à son père, M. Belwel répondit :

— Oui, mon fils, c'est au christianisme que la femme doit chez nous ces priviléges favorables et distingués qui assurent à la fois son bonheur et la manière dont elle doit s'y prendre pour assurer le nôtre. Le peuple juif, instruit par Dieu, présentait toujours la femme dans un sphère supérieure aux nations idolâtres dont Israël était environné; mais il appartenait à Dieu lui-même de les mettre à leur vraie place dans la société. Les intentions du Créateur à l'égard de la femme sont clairement exprimées dans les premières pages de la Genèse, par les leçons qu'il a données lui-même à nos premiers parents : il tire de la substance même d'Adam l'épouse qu'il lui destine , afin qu'il la chérisse comme une portion de lui-même ; en la lui présentant , il lui offre une compagne , une aide , et non pas une esclave. A son aspect, Adam s'écrie : Voilà la chair de ma chair et les os de mes os ; l'homme quittera son père et sa mère et s'attachera à son épouse, et ils seront deux dans une même chair. Tels sont les enseignements divins.

Chez tous les peuples qui, dans la suite des temps, ont oublié les premières révélations divines et se sont éloignés des antiques traditions pour tomber dans les horreurs de l'idolâtrie, la condition de la femme fut toujours affreuse et vraiment déplorable : la polygamie , le divorce, l'exagération de la puissance maritale, l'ont fait descendre si bas dans la dégradation, qu'au sein du paganisme on ne voyait plus , dans cette créature humaine, qu'une *bête de somme* destinée à servir aux besoins de l'homme : non-seulement elle était esclave , mais encore l'époux avait sur elle droit de vie et de mort.

Moïse par ses lois rendit le sort des femmes juives plus doux qu'il n'était partout ailleurs , et fixa leurs droits : elles n'étaient ni esclaves, ni renfermées , ni livrées à la merci de leurs maris.

Sous le christianisme, l'esprit de charité rend les deux sexes à peu près égaux. En Jésus-Christ, dit saint Paul, il n'y a plus de distinction entre le maître et l'esclave, entre l'homme et la femme; vous êtes tous un seul corps en Jésus-Christ. La religion chrétienne a renfermé la puissance maritale dans de plus justes limites, et en a corrigé les abus en donnant au mariage un caractère sacré, une forme plus auguste et plus vénérable. Suivant les maximes évangéliques, l'oppression est défendue, les droits dès époux sont égaux, le mari est le chef, parce que toute société doit en reconnaître un, et pour cette raison la femme doit lui être soumise : mais la subordination n'est pas de l'esclavage ; et, comme on enjoint la subordination aux épouses, on prescrit aux époux *d'aimer affectueusement leurs épouses comme Jésus-Christ a aimé son Eglise.*

Ils se préparèrent alors à quitter la capitale de l'Egypte avec la satisfaction d'avoir reconnu que, par la sage conduite du pacha actuel, ce pays ne pouvait que gagner : des canaux étaient commencés, le commerce florissait, les anciennes carrières étaient rouvertes, et l'on voyait déjà les machines à vapeur appliquées à la navigation du Nil ; tout avait l'apparence de grandes améliorations, et semblait promettre que l'Egypte, autrefois reine des nations, relèverait sa tête couverte de poussière.

Se conformant aux sages avis du consul, ils adoptèrent l'habit turc ; déjà M. Belwel avait laissé croître sa barbe et fait raser ses cheveux. Jusque-là rien n'avait encore aussi fortement, comme cette circonstance, fait sentir à nos voyageurs l'énorme distance qui les séparait de leur patrie ; étrangers dans un pays étranger, et cependant obligés de vivre avec un peuple qui était ennemi de leur croyance, indifférent pour leurs personnes et leur sûreté, con-

2..

traints eux-mêmes d'affecter l'oubli du deuil d'un être chéri et toujours présent à leur mémoire, il était impossible que leur douleur, par cela même qu'ils devaient la dissimuler, n'en fût pas plus vive.

Après de longs débats pour le prix du louage de plusieurs chameaux, ils se mirent en route ayant un interprète maltais à leur suite, et eurent bientôt la satisfaction de joindre d'autres voyageurs qui virent avec plaisir arriver un renfort, appréhendant de tomber au milieu de ces hordes d'Arabes pillards dont le pays est infesté, et qui rendent les voyages aussi pénibles que dangereux. La première nuit, ils couchèrent à la belle étoile sous des couvertures dont ils avaient eu soin de se pourvoir. Le conducteur des chameaux leur fit du pain ; il pétrit la pâte dans une serviette, y mêla une bonne quantité de sel, et en ayant fait une galette plate de l'épaisseur d'un pouce, il la fit cuire sur de la fiente séchée de chameau ; ils la trouvèrent excellente. Les voilà donc lancés dans l'immense désert où errèrent, mais dans une direction différente, les enfants d'Israël, sous la conduite de Moïse, le saint législateur des Hébreux.

Le second jour, quoiqu'ils fussent toujours dans le désert, ils rencontrèrent des champs cultivés de la plus grande beauté ; le froment couvrait ces champs de charmante verdure, et les eaux, en se retirant, avaient formé des lacs et des rivières qui ressemblaient à des filets d'argent serpentant dans des plaines d'émeraude ; le désert était orné encore par des buissons et présentait un contraste frappant avec l'aridité de la Nubie, car on y rencontrait en abondance de jeunes plantes que les chameaux à long col dévoraient tout en cheminant. Ils vérifièrent l'exactitude de ce qu'on dit de ces utiles et surprenants animaux qui, tout en paissant, et sans être incommodés, restent six et sept jours sans boire ; cependant, en voyage, il est nécessaire de les faire rafraîchir au moins tous les trois jours ; ils remarquèrent aussi que les conducteurs de la caravane ne laissèrent échapper aucune occasion de les faire boire. Nos voyageurs admirèrent la bonté de la Providence, qui fait croître dans le désert des plantes de toute espèce, pleines de sucs et nutritives. Leurs réflexions étaient souvent interrompues par l'apparition subite de bandes d'Arabes, à l'apparence peu rassurante, mais qui, reconnaissant la force des voyageurs bien armés, se contentaient de leur demander un bakschisch (pour-boire), et se retiraient.

Sept jours s'écoulèrent ainsi, pendant lesquels leur voyage fut plus agréable qu'ils ne s'y étaient attendus. Le sable devint plus compact, la route plus difficile, et ils trouvèrent beaucoup de carcasses d'ânes et de chameaux, ce qui indiquait l'attaque de quelque caravane par les Arabes Bédouins. Ils rencontrèrent un petit parti de ces peuples errants, qui leur firent quelques demandes insolentes et qui ne paraissaient valoir guère mieux que les voleurs qu'ils avaient redoutés. Ils traversèrent ensuite une plaine de sable épais et dur, assez semblable à de la neige gelée, qui ne cédait point sous les pieds des animaux. Pendant leur déjeuner, un homme à cheval vint à eux et se vanta beaucoup de son pouvoir pour arrêter les Européens, mais qui les quitta sans autre contestation. Quelques heures après, en arrivant à des puits d'eau fraîche, ils eurent le malheur de tomber au milieu d'une bande nombreuse d'Arabes Tarabins qui cherchèrent dispute aux conducteurs, et finirent par exiger un tribut de tous ceux qui n'étaient point armés ; nos voyageurs en furent exempts.

Dans la soirée du neuvième jour ils virent des habitations d'hommes : c'était El-Arich, ville entourée de murailles ; on y voit des colonnes de marbre, ruines de l'antiquité romaine. Quelques palmiers y croissent, quoique ce pays soit stérile ; mais il y a un très beau puits d'eau douce, ce qui est d'une si grande importance pour ceux qui, pour parler le langage de l'Ecriture sainte, « voyagent dans un pays altéré », qu'auprès de cette privation toutes les autres sont légères. M. Belwel rappela à son fils qu'à El-Arich sir Sidney-Smith conclut un traité avec les Français, lors de l'expédition d'Egypte, qui ne fut pas ratifié.

Peu après minuit, ils quittèrent cette ville, désirant éviter une nouvelle rencontre des Bédouins ; mais, à leur surprise, ils s'aperçurent bientôt qu'ils étaient suivis par l'un d'eux, et ne doutèrent point que ce ne fût dans de mauvaises intentions. Le désert parut alors à leurs yeux sous un aspect plus favorable : en outre de nombreux buissons verts et

fleuris, ils virent beaucoup de troupeaux de moutons
et de chèvres gardés par des hommes armés. Ils passèrent auprès d'un temple d'une grande étendue,
contenant le tombeau d'un scheik, titre que l'on
donne à un grand homme aussi bien qu'à un saint ;
ils virent des perdrix et une espèce de rat que les
conducteurs désignèrent par le nom de Gerba, dont
la marche est semblable à celle du Kangourou. Au
coucher du soleil, ils atteignirent le village de Ha-
neunis, situé dans un vallon, et dont les environs
sont assez pittoresques; les maisons et les habitants
en sont plus propres et plus beaux que ceux d'Egypte.

Après avoir passé le désert, dont on raconte les
dangers et les privations, ils arrivèrent dans un pays
habité. Si ce n'est leur figure que l'ardeur du soleil
avait un peu basanée, et la fatigue de leur voyage,
ils ne se trouvèrent pas trop mal de leur long trajet.

Quand ils eurent visité Esdier, où ils trouvèrent
quelques restes d'antiquité romaine, ils se dirigèrent
sur Gaza, ville frontière de la terre de Chanaan,
qui, dans sa situation actuelle, possède encore beaucoup des avantages que possédait la terre promise.
Des sycomores, des oliviers, des orangers, des
figuiers, des cèdres, s'offrent de toutes parts à la
vue ; mais en entrant dans la ville les maisons leur
parurent misérables et sales, quoique les habitants
fussent propres et bien portants. Les femmes portent
des chemises blanches ou bleues, avec un grand
châle jeté négligemment sur leur tête, qui leur sert
de voile.

Craignant d'être inquiétés pour leur religion, et que cette circonstance ne leur attirât des insultes de la part des habitants, M. Belwel résolut de ne pas s'arrêter; Alfred aurait cependant bien voulu vérifier le lieu où Samson emporta les portes de la ville. (Voyez Liv. des Juges, chap. 16.) En quittant Gaza, ils entrèrent dans un pays ouvert, en partie cultivé, et, à trois heures de l'après-midi, ils arrivèrent à Asdoud ; auprès ils virent un ancien bâtiment destiné à être un khan. C'était une grande cour entourée d'un mur; on y pénétrait par un passage voûté, et dans l'intérieur il y a de chaque côté des places; à droite de l'entrée du sud on voit plusieurs chambres, et à gauche les restes d'une ancienne chapelle chrétienne, ainsi qu'on en peut juger par un autel et une croix. La vue des signes de leur religion foulés aux pieds dans le pays même qui en fut le berceau, affecta nos voyageurs; mais avant qu'ils pussent émettre leurs pensées, ils se virent entourés par les habitants qui accouraient non-seulement par un motif de curiosité, mais aussi dans la persuasion que M. Belwel était un hakim ou médecin, et le supplièrent instamment de leur donner des remèdes pour un jeune homme malade qu'ils apportaient, et qui semblait être dans un bien mauvais état. Comme réellement M. Belwel possédait une petite caisse de médicaments, il céda volontiers à leur désir, ayant soin de ne donner au malade que ce qui ne pouvait lui causer aucun mal, et pouvait au contraire lui apporter quelque soulagement. Puis ils prièrent Alfred de leur donner une mèche de ses cheveux : l'odeur des cheveux de chrétien, leur expliqua l'interprète, qu'on fait brûler pendant que la médecine agit, devant assurer la guérison du malade. Il ne put s'empêcher de sourire de cette superstition, mais il leur accorda ce qu'ils lui demandaient; en retour, les habitants lui apportèrent du miel et du pain, et refusèrent toute espèce de compensation pécuniaire.

Ils avaient d'abord eu l'intention de passer par Ascalon, où Samson tua trente hommes (Voy. Juges, chap. X, v. 99.), et où l'on disait qu'il y avait des ruines d'un amphithéâtre romain, où lady Ester Stanhope avait fait faire des fouilles qui n'eurent aucun résultat; mais leur conducteur déclara qu'il ne pouvait suivre cette route avec des chameaux : ils se contentèrent donc d'avoir vu Asdoud, désigné dans l'Ancien Testament par le nom d'Ashdod, et d'Arotus dans les Actes des Apôtres, et se dirigèrent vers Jaffa, l'ancienne Joppé. La différence de ce climat à celui d'Egypte fixa leur attention : plusieurs ruines, surtout une arche d'un pont romain, couverte de broussailles et de plantes comme en Europe, leur offrirent un aspect pittoresque. Ils laissèrent Ramlah, l'antique Arimathia, et Loudd, autrefois Lydda, sur la droite, traversèrent quelques montagnes de sable, atteignirent le rivage de la mer à quatre ou cinq mille de Jaffa, et suivirent la côte jusqu'auprès de la hauteur sur laquelle est bâtie la ville, à laquelle ils arrivèrent par des jardins de toute beauté, quoique le sol soit tout de sable à une grande profondeur.

Alfred examina minutieusement tout ce qui l'entourait, en approchant d'un lieu si souvent nommé dans l'histoire sainte et profane, et qui, à une époque récente, avait fixé les regards du monde. Leur premier soin fut de chercher une auberge ; mais, à leur grand chagrin, ils n'en trouvèrent point, et se virent dans la nécessité de chercher un asile chez le sieur Domiani, agent consulaire anglais.

Cet homme avait environ soixante ans, et pouvait être considéré comme le type des originaux les plus remarquables. Vêtu à la turque, il était coiffé d'un vieux chapeau à trois cornes et à cocarde, tout crasseux ; sa barbe avait au moins huit jours, et sur son dos pendait une énorme queue ; tout son habillement était taché de graisse. Ce ne fut pas sans beaucoup de peine qu'Alfred put retenir son rire à la vue de cet être curieux qui les reçut avec une dignité comique, leur répétant à plusieurs reprises : *Savoresa* (soyez les bien-venus) ; il les introduisit avec grande cérémonie dans un grand appartement. Cette pièce était parfaitement en rapport avec le maître ; elle était remplie de melons d'eau ; un vieux et sale divan, sans être recouvert et fourmillant de puces, composait tout le mobilier ; l'air pénétrait dans ce salon par une foule de trous pratiqués dans le mur.

Après avoir jeûné depuis tant de jours, ils entendirent avec joie annoncer que le souper les attendait ; mais ce souper ne consistait qu'en riz et en choux, le signor Domiani faisant observer que le samedi était un jour de pénitence.

Ils couchèrent dans le salon et furent dévorés par les puces. Voyant que le vieux consul Domiani était dans l'impossibilité de leur procurer les choses les plus essentielles à la vie, ils se rendirent dès le matin au couvent de Saint-Pierre, pour présenter la lettre de la *Propagande* de Rome.

Pendant le trajet, ils eurent le loisir d'observer la ville. Elle leur parut construite en amphithéâtre, sur le côté d'une montagne de rochers s'élevant graduellement au bord de la mer, couronnée par un château et défendue vers la Méditerranée. Le couvent de Saint-Pierre, dans lequel ils entrèrent, est un ancien édifice près de la mer, construit sur l'emplacement autrefois habité par cet apôtre (Voyez Actes, chap. X.) ; ils furent reçus avec une vraie charité chrétienne par les moines qui les félicitèrent de leur arrivée en Terre-Sainte. La communauté comptait un supérieur, quatre frères et dix novices ; ils portent de longues robes à capuchon, à cordons blancs pour ceinture ; les uns sont Italiens, les autres Espagnols. Nos voyageurs furent aussitôt conduits dans une cellule propre, dont la vue donnait sur le port ; les attentions les plus grandes leur furent prodiguées. A midi, la cloche du couvent les appela au réfectoire ; le dîner consistait en légumes, en soupe, en poisson, de la volaille étuvée et du vin aigre. Après le dîner, qui fut très court, ils allèrent dans la chambre du père supérieur, où on leur servit des liqueurs et des gâteaux, et la conversation s'entama. Deux des moines avaient accompagné précédemment la princesse de Galles jusqu'à Ramlah. C'est dans ce couvent que Bonaparte fixa son séjour pendant qu'il resta à Jaffa. Le jour suivant, ils allèrent faire une visite à l'aga, et apprirent que leur voyage éprouvait beaucoup plus d'obstacles qu'ils n'en avaient prévus; mais une circonstance qui eut lieu les facilita beaucoup, et leur fit éprouver un sensible plaisir.

Leur interprète maltais était, il y avait vingt ans, un honnête commerçant en coton de Syrie, et, dans un de ses voyages, il avait, selon la coutume, fait cadeau d'une montre à l'aga. Ils ne s'étaient jamais revus depuis, et quand M. Belwel fut dans la nécessité de réclamer l'assistance de l'aga, le pauvre Maltais en fut reconnu sur-le-champ; l'aga lui parla de son infortune avec bonté, et lui dit que c'était maintenant son tour à lui faire un présent, et le contraignit à accepter une somme d'argent. Le Maltais, qui était un très honnête homme et fort satisfait de la générosité de M. Belwel, aurait voulu refuser; mais l'aga insista et donna ainsi un exemple de générosité désintéressée et digne d'admiration, même dans nos contrées, mais plus remarquable, puisqu'elle contrastait si fortement avec l'esprit de rapine et d'avidité qui est si commun dans l'Orient.

Alfred n'oublia pas que saint Pierre eut sa vision des animaux purs et impurs à Jaffa, et peut-être sur l'emplacement où il se trouvait lui-même. Il se souvint aussi qu'Hiram , roi de Tyr, envoya par mer à Joppé les cèdres du Liban qui servirent à Salomon pour la construction du Temple. Il alla, accompagné d'un moine, à l'endroit où saint Pierre éleva Tabitha (Voyez Actes, chap, IX.), à un mille hors de la ville. Là se trouvait jadis une église que les Turcs ont détruite; la position était belle, environnée de beaux bouquets de poiriers. La bienveillance des moines fut la même jusqu'à la fin, et par leurs soins nos voyageurs furent munis de bonnes mules pour se rendre au couvent de Ramlah. Quoique tout ait lieu sur le pied de l'hospitalité, et suivant l'ancien usage de l'Eglise, cependant nul Européen d'un certain rang ne quitte le couvent sans faire un don pour les pauvres; ce que fit non-seulement M. Belwel, mais son fils aussi, qui s'était pris d'affection pour les bons pères; puis ils partirent au milieu des bénédictions et des regrets de toute la communauté.

VI

Départ de Jaffa. — Bouteilles et ustensiles de cuisine. — Sharon. — Ramlah. — Vallée de Jérémie. — Une troupe d'Arabes. — Vallée d'Elah. — Ruisseau où David prit des pierres pour sa fronde. — Jérusalem.

Nos voyageurs se mirent de nouveau en route, emportant, comme de coutume, les provisions qui leur étaient indispensables. C'était du pain , du fromage, de la farine, de l'eau et du vin ; le vin est dans des ustensiles ressemblant à des bouteilles , et soufflés comme des vessies, dont l'ouverture est fermée par des chevilles en bois. Ces bouteilles sont si fortes qu'elles durent très longtemps ; elles sont de couleur foncée ; on les suspend à la fumée dont les huttes des Arabes sont toujours remplies ; on y fait toujours allusion dans les saintes Ecritures.

Ils quittèrent les bords de la mer et se dirigèrent vers Ramlah , l'ancienne Arimathia, qui n'est pas le même lieu si remarquable par le massacre des Innocents. Ils passèrent la plaine de Sharon , et s'amusèrent, dans leur voyage à cheval jusqu'au couvent de Ramlah , à considérer les Turcs occupés à filer du

coton et à faire des paniers. Ils furent accueillis avec
bonté par le supérieur du couvent, qui est bâti sur
l'emplacement où était autrefois située l'habitation
de Nicodème. Ce qui ajoute à la vénération que l'on
a pour ce couvent, c'est que c'est là que naquit
Joseph d'Arimathie, ce bon et courageux disciple
qui, au milieu d'une génération cruelle et méchante,
chercha et trouva le corps de Notre-Seigneur crucifié, et l'honora en l'ensevelissant dans sa propre
tombe.

Il est à remarquer que Ramlah et Lidda furent les
premières villes de la Terre-Sainte qui tombèrent
entre les mains des croisés; les ruines d'une ancienne église prouvent que c'était autrefois une ville
importante. En 1822, le clocher de cette église
souffrit beaucoup par le tonnerre, qui en a dégradé
la montée; mais Alfred, toujours bien disposé, et
accoutumé à franchir les précipices des montagnes
d'Ecosse, réussit presque à parvenir au sommet, et
de là jouit d'une vue étendue qui lui fit voir les rives
de la Méditerranée, Jaffa et tout le pays environ-
nant, où l'on découvrait de tous côtés des troupeaux
de moutons, des bergers jouant du chalumeau, dans
toute la simplicité de la vie pastorale.

On y voit aussi les ruines d'une autre église, construite par l'impératrice sainte Hélène, qui est en
grande vénération parmi les moines, non-seulement
parce qu'elle fit bâtir de nombreuses églises, mais,
ainsi qu'ils le croient, parce qu'elle a découvert l'emplacement où était enfouie la croix sur laquelle souf-

frit le Sauveur. Il y existe beaucoup d'autres preuves de l'importance antique de Ramlah; mais ce n'est plus actuellement qu'un misérable village mal bâti. Les moines ont peu ou pas du tout de relations avec les habitants; ils sont retranchés dans leur couvent, dont les portes massives sont soigneusement fermées, et de leur terrasse ils voient tout ce qui se passe dans le village situé au-dessous d'eux. C'est dans ce couvent qu'habita Bonaparte pendant son séjour. C'est également dans les plaines fertiles de Ramlah que Samson lança des renards qui, une torche attachée à la queue, incendièrent les champs des Philistins.

Ils s'y procurèrent des mules, se remirent en route, et, après avoir traversé une plaine immense, ils entrèrent au milieu des montagnes dans une espèce de labyrinthe appelé la vallée de Jérémie. Ils y virent paître des troupeaux de chèvres gardés par des Arabes aux regards féroces. Ce lieu paraissait sauvage, romantique et effrayant; chaque voyageur, en le traversant silencieusement, plaça par instinct la main sur son pistolet, comme s'attendant à chaque pas à voir des bandits s'élancer sur lui des crevasses des rochers.

Quelquefois la route était si étroite et les montées bordées par tant de précipices que les mules avaient beaucoup de peine à avancer; mais enfin, à leur grande joie, ils reconnurent qu'ils étaient parvenus à une hauteur considérable, car ils découvrirent de nouveau la Méditerranée, Jaffa et Ramlah; puis peu à peu ils arrivèrent à un pays plus uni, et descendirent vers un village nommé Bugas.

En y arrivant, ils furent consternés à la vue d'un fort parti d'Arabes rangés en ordre de bataille sur la route, paraissant avoir des intentions hostiles et déterminés à les arrêter pour les voler. Ils avaient la peau très brune, les yeux brillants et les dents d'une blancheur extraordinaire. Leur aspect était sauvage, leurs vêtements étaient en peau de chèvre, ouverts au cou; sans bas, leurs pieds dans des savates, de mauvais turbans sur la tête et des ceintures autour des reins. Ils demandèrent avec des gestes à M. Belwel et à son fils « qui ils étaient, et d'où ils venaient? » Sur la réponse qu'ils étaient Anglais, la mauvaise humeur des Arabes s'évanouit; ils élevèrent les mains par un mouvement qui correspond au *hourra* anglais; et, quoiqu'ils fissent beaucoup d'autres questions et qu'ils regardassent leurs pistolets, dès ce moment toute hostilité cessa, et ces enfants d'Ismaël, dont la main s'est levée contre tous les hommes depuis tant de générations, semblaient s'adoucir en faveur de l'Angleterre. Lorsque ces Arabes se furent retirés, le guide qui leur avait été donné au couvent de Ramlah leur montra une petite église sur le lieu où les Arabes les avaient arrêtés; elle était autrefois dédiée au prophète Jérémie, qui avait habité Bugas.

A chaque pas la scène devenait plus intéressante, car ils approchaient du cercle où l'Eternel révéla plus particulièrement aux hommes sa volonté et son pouvoir; souvent ils portèrent les yeux de tous côtés, comme s'ils se fussent attendus à revoir les Patriarches ou les Apôtres fouler de nouveau la terre sanctifiée, et occupés à remplir leur mission divine.

Alfred éprouvait plus particulièrement ces émotions sublimes, par la raison que son cœur était rempli de cette sensibilité, apanage de son âge, et que son éducation et ses goûts le dirigeaient vers une contemplation religieuse et une affection dévouée; sa mémoire et son esprit étaient livrés à toute leur puissance de souvenirs et de sentiments, quoique le chemin raboteux et difficile qu'il parcourait l'obligeât à garder le silence.

Ils pénétrèrent dans la vallée d'Elah, où Saül rencontra les Philistins, et firent une halte pour remarquer avec quelle exactitude la situation locale répond à la description faite par la sainte Ecriture. Bientôt après ils passèrent le lit du torrent où David choisit les pierres qu'il lançait avec sa fronde, et avec l'une desquelles il tua le géant Goliath qui, à cet endroit même, dans la vallée de Térébinthe, défiait les armées du Dieu d'Israël. Alfred descendit de sa mule, se chargea de cailloux en rappelant à sa mémoire toutes les actions de ce berger-roi, depuis le temps où il vint pour voir le camp dans la vallée, pénétré des hautes destinées que le ciel lui réservait, mais ignorant comment elles seraient accomplies, jusqu'à l'époque où sa main étendait son sceptre sur tout son pays natal.

Rempli de ce sujet, Alfred ne vit rien qui l'intéressât jusqu'à ce que, arrivé sur une haute éminence et que la marche fatiguée de ses mules lui démontrât combien le trajet de ce jour avait été harassant, il se trouva tout-à-coup, en tournant à droite, en vue de Jérusalem : cette Jérusalem, qu'il voyait dans tout le prestige d'un magnifique soleil couchant, lui apparaissait dans toute sa gloire.

S'élançant aussitôt de sa monture, il s'agenouilla et rendit grâces au Tout-Puissant qui l'avait protégé au milieu de tant de périls, et qui avait permis à ses yeux de jouir d'une vue qu'il désirait depuis si long-temps ; de ce qu'il l'avait jugé digne de marcher sur la même terre que son Sauveur, d'affermir sa foi et celle des autres en le rendant témoin de l'accomplissement de tant de prophéties, et enfin de voir se développer tant de faits caractéristiques particuliers au pays, tant de coutumes qui confirmaient les grandes vérités de l'Evangile et les révélations de l'Ecriture sainte.

M. Belwel lui-même n'était pas moins ému que son fils ; mais sa joie était en quelque sorte affaiblie par la pensée qu'il lui manquait la présence d'une personne chérie dont le plaisir eût décuplé le sien. Bientôt son émotion fut exaltée par l'idée qu'il marchait sur la terre où la vie et l'immortalité furent assurées à l'homme, et que de cette source divine de consolation il devait avec confiance tirer l'espérance de se réunir un jour à son épouse bien-aimée, pour n'en plus être séparé.

Ils avancèrent lentement en admirant la sainte cité se déployant devant eux environnée de la splendeur d'un soleil couchant d'Orient qui jetait des flots de lumière sur les tours, les minarets, les mosquées, les monastères, et surtout sur le dôme qui couvre le temple du Saint-Sépulcre. Leurs regards semblaient vouloir concentrer tous ces objets si chers aux chrétiens, et qui se gravaient d'une manière si indélébile dans leur esprit. Au milieu des réflexions que faisait Alfred, son père lui rappela que la ville qui apparaissait à sa vue n'était plus la Jérusalem où souffrit le Seigneur; car cette cité tombée avait subi le châtiment dû à ses crimes : la charrue avait passé sur l'emplacement de ses palais; sur celui de ce magnifique temple, si longtemps son orgueil, croissait maintenant le figuier sauvage, et le corbeau croassant y plaçait son nid. Il lui rappela que notre Seigneur avait été entraîné hors de la ville pour être crucifié, jugé indigne de mourir dans l'intérieur, et qu'il pouvait voir clairement que le Calvaire était dans les murs, ainsi que le prouvait la coupole de l'église bâtie sur son sommet.

— Tant mieux, cher père; j'aime mieux cette Jérusalem que je n'aurais aimé l'autre : c'est la cité des chrétiens, de ceux qui ont adoré le tombeau du Rédempteur, et qui ont rendu honorable celle qui était flétrie du sceau du déshonneur.

M. Belwel remua la tête; il ne pouvait sans trouble reconnaître que la chrétienté avait à peine de quoi poser un pied sur ce sol si propre à réveiller la foi; et que là où le signe du Rédempteur avait été arboré avec tant d'honneur pendant si longtemps, on n'apercevait plus que les insignes de l'imposteur Mahomet.

Mais il ne dit rien qui pût ébranler l'innocente et religieuse joie de son fils bien-aimé, dont les traits étaient radieux et les yeux pleins de larmes délicieuses. Ils arrivèrent dans la ville et furent conduits par leur guide au couvent des Franciscains, qui les accueillirent avec empressement. Fatigués autant par la route que par les émotions, ils se retirèrent bientôt pour goûter un bienfaisant et nécessaire repos dans des cellules préparées pour eux.

VII

Palestine. — Jérusalem. — Recherches historiques sur cette ville et le mont des Oliviers. — L'empreinte du pied de Jésus-Christ sur le sommet. — Jardin de Gethsémani. — La vallée de Josaphat. — L'étang de Siloam.

Le lendemain matin, en commençant l'emploi de leur journée, M. Belwel, comme préliminaires à quelques observations particulières, fit des remarques sur le pays en général.

— Vous voyez, mon cher Alfred, par tout ce que nous avons vu jusqu'ici de ce pays, que la Palestine n'est presque composée que de rochers, et que, à peu de différence de climat, elle ressemble beau-

coup au nôtre. Ces faits nous sont révélés; car
Moïse, en conduisant Israël par le désert que nous
avons traversé, fit remarquer aux Juifs la différence
qui existe entre les pays bas et les pays plats qu'ils
qu'ils quittaient, et celui dans lequel ils allaient pénétrer. Je crois que vous êtes en état de me donner
quelques explications sur Jérusalem, car vos études
sont plus récentes que les miennes; ainsi, mon ami,
dites-moi ce que vous en savez.

— Mon cher père, si le chagrin a diminué votre
mémoire, je l'aiderai avec plaisir, ne doutant pas
que, à mesure que j'avancerai dans mes citations,
tout se retracera fidèlement à votre esprit. On suppose que Jérusalem a été fondée par Melchisédech,
nommé le roi de *Salem*, et prêtre du Très-Haut,
deux mille ans avant Jésus-Christ. Peu après la ville
fut prise par les Jézabites, qui en étendirent les murailles et construisirent un palais ou citadelle sur le
mont Sion. Josué prit la ville, mais non la forteresse; elle ne devint capitale que lors du règne de
David, et c'est à Salomon son fils qu'elle dut sa grandeur et sa beauté, surtout par rapport à ce magnifique temple, monument qui n'a pu être surpassé par
aucune nation, ni dans aucun siècle. Au temps de
Roboam, elle fut prise d'assaut et pillée par le roi
d'Egypte; sous le règne de Manassès, les Assyriens
l'assiégèrent, et le monarque fut fait captif. Nabuchodonosor en rasa les fortifications, brûla le temple,
et emmena les habitants en captivité.

— Ce fut en effet une époque remarquable pour

le vainqueur et les vaincus, dit M. Belwel ; mais continuez, mon fils ; je vois avec joie que vous êtes si bien versé dans l'histoire d'un peuple si étroitement lié à tout ce qui nous est si cher.

— Soixante et dix ans après, le peuple fut rendu à son pays, et Zorobabel commença la reconstruction du monument sacré. Alexandre-le-Grand marcha contre la ville ; mais, adouci par le grand-prêtre et ses frères, il entra dans Jérusalem en ami, et offrit lui-même des sacrifices dans le temple. Elle fut ensuite saccagée par Antiochus, qui profana la sainte cité en y plaçant les statues de Jupiter. Les Machabées délivrèrent leur patrie des mains de ses oppresseurs ; mais, dans une contestation qui survint parmi leurs descendants, ils s'adressèrent aux Romains ; et ce peuple, déjà maître du monde, fit si bien que Pompée s'empara de Jérusalem. La Judée ayant secoué le joug romain, Titus assiégea la cité, la prit, la détruisit de fond en comble, accomplissant ainsi les prédictions de Notre-Seigneur, qui était venu remplir sa mission sur la terre entre les règnes de Pompée et de Titus Vespasien, environ soixante ans avant ce dernier.

Adrien construisit une nouvelle ville sur les ruines de l'ancienne ; on suppose que c'est celle qui existe maintenant, mais nous devons plutôt l'attribuer à Constantin et à Hélène sa mère ; et, comme ils firent partout renaître l'adoration du vrai Dieu et voulurent honorer Jésus-Christ, nous leur devons la forme que la ville a prise, et la manière dont les lieux sacrés ont été enfermés dans l'intérieur. Le calife Omar vint ensuite en faire la conquête , et ses successeurs en restèrent en possession jusqu'à ce que tous les princes de l'Europe se réunirent sous Godefroy de Bouillon, et plantèrent l'étendard de la croix sur ses murailles ; mais, en 1217, les avantages remportés ainsi furent perdus, et depuis lors Jérusalem n'est plus que la capitale d'une province turque.

Après ce coup d'œil général, nous allons passer à la description des monuments et des lieux les plus remarquables qui existent à Jérusalem, en suivant l'ordre de leur ancienneté et le cours de la vie de Jésus-Christ.

Il n'existe à Jérusalem qu'un petit nombre de monuments du temps de Jésus-Christ. Mais la tradition a marqué les différents lieux de cette ville où se sont passées diverses actions remarquables du Sauveur, et les mystères de notre rédemption. Des monuments y ont été élevés par les chrétiens, et en ont transmis la mémoire de génération en génération.

Entre les monuments qui existent du temps de Jésus-Christ, on compte la *Piscine Probatique* et les bains de Siloé. La Piscine Probatique est célèbre par un miracle que le Sauveur y opéra. Voici le récit qu'en fait l'évangéliste saint Jean :

« Il y a à Jérusalem une piscine (grand réservoir d'eau) , nommée la Piscine Probatique, en hébreu *Bethsaïda*, qui signifie *des moutons*, entourée de cinq portiques ou galeries. Sous ces portiques étaient couchés par terre un grand nombre de malades, des aveugles, des boiteux, des perclus qui attendaient que l'eau de la piscine fût agitée, car l'ange du Seigneur y descendait un certain temps pour agiter l'eau, et le premier qui y descendait après ce mouvement était guéri, quelque maladie qu'il eût. Or il y avait là un homme infirme depuis trente-huit ans. Jésus qui le vit couché, et qui savait que depuis longtemps il était malade, lui dit : Voulez-vous être guéri ? Le malade lui répondit : Je n'ai personne qui me jette dans la piscine au moment où l'eau est agitée; et, pendant que je m'y traîne, un autre descend avant moi. Jésus lui dit : Levez-vous, prenez votre lit et marchez. — À l'instant même cet homme fut guéri, et, emportant son lit, il se mit à marcher. Or c'était un jour de sabbat. Les Juifs donc disaient à celui qui avait été guéri : C'est aujourd'hui jour de sabbat ; il ne vous est pas permis de porter votre lit. — Il répondit : Celui qui m'a guéri m'a dit : Prenez votre lit et marchez. — Les Juifs lui demandèrent : Quel est cet homme qui vous a dit : Prenez votre lit et marchez ? Mais celui qui avait été guéri ne savait qui c'était; car Jésus s'était tiré de la foule qui était là. Jésus le trouva depuis dans le temple et lui dit : Vous voilà guéri; gardez-vous désormais de pécher, de peur qu'il ne vous arrive quelque chose de pire. Cet homme alla trouver les Juifs, et leur dit que c'était Jésus qui l'avait guéri. Pour cela ils se mirent à persécuter Jésus, parce qu'il faisait de telles choses le jour du sabbat. »

La Piscine Probatique existe encore aujourd'hui. C'est un vaste réservoir de cent cinquante pieds de longueur et environ quarante de largeur, destiné dans l'origine à recevoir les eaux de la *Fontaine Scellée* de Salomon et à laver les animaux, principalement les moutons qui devaient être offerts en sacrifice. Cette piscine est située au pied du mur du parvis du temple. Elle est revêtue des quatre côtés d'un mur de terrasse très épais et très solide. Le mur du midi est le même qui sert de clôture au parvis actuel de la grande mosquée des Turcs. On voyait encore, au temps du voyage de M. Doubdan, les cinq portiques dont il est fait mention dans l'Evangile ; savoir : deux au couchant, qui présentaient deux voûtes assez spacieuses encore ouvertes ; les trois autres, du côté du nord, étaient murés. M. de Châteaubriand n'y trouva plus, en 1810, que deux arcades donnant naissance à deux voûtes. Le bassin de la piscine est maintenant desséché et à demi comblé. Il y avait des tamarins et des broussailles. La piscine n'est pas éloignée de la porte Saint-Etienne.

Les bains de Siloé sont également célèbres, à raison d'un miracle non moins éclatant opéré par Jésus-Christ. C'est celui de l'aveugle-né, auquel il fit don de la vue. En voici les circonstances, rapportées dans l'Evangile :

« Jésus vit un jour en passant un homme né aveugle. Ses disciples lui firent cette question : Est-ce cet homme qui a péché ou bien ses parents pour qu'il soit né aveugle ? — Ce n'est ni lui, ni son père, ni sa mère, répondit Jésus, qui ont péché ; mais c'est afin que les œuvres de Dieu soient manifestées en sa personne. Il faut, pendant qu'il est jour, que je fasse les œuvres de celui qui m'a envoyé.... Après ces paroles, il cracha à terre, et ayant détrempé de la poussière avec sa salive, il en frotta les yeux de l'aveugle, et lui dit : Allez vous laver dans le bain de Siloé. L'aveugle s'en alla donc, se lava, et revint avec la vue..... Or c'était le jour du sabbat que Jésus détrempa ainsi de la terre et qu'il ouvrit les yeux de l'aveugle. Ce qui donna lieu à certains pharisiens de dire : Cet homme qui n'observe pas le sabbat n'est pas de Dieu.... Mais d'autres disaient : Comment un homme pécheur pourrait-il faire de tels miracles ? Et ils étaient divisés entre eux. »

Ce prodige fit une très grande sensation dans Jérusalem. Les pharisiens ne voulaient pas le croire ;

ils firent venir l'aveugle et ses parents, et les questionnèrent :

« Est-ce là, leur dirent-ils, votre fils que vous dites être né
aveugle ? comment voit-il à présent ? — C'est là notre fils, répondirent-ils ; il est né aveugle ; mais nous ne savons comment il
voit, ni par qui ses yeux ont été ouverts. Interrogez-le, il a de
l'âge, il est en état de répondre. Ils parlaient ainsi, parce qu'ils
craignaient les Juifs. Car ils étaient convenus entre eux que, si
quelqu'un reconnaissait Jésus pour le Christ, on le mettrait hors
de la synagogue.

» Les Juifs firent donc venir une seconde fois celui qui avait été
aveugle et le questionnèrent de nouveau ; et sur ce qu'il rendit
hautement témoignage à la vérité, ils le mirent hors de la synagogue. Jésus l'ayant appris, et l'ayant rencontré, lui dit : Croyez-
vous au fils de Dieu ? Il répondit : Qui est-il, Seigneur, afin que
je croie en lui ? — Vous l'avez vu, lui dit Jésus ; et c'est lui-même
qui vous parle. — Je crois, Seigneur, lui dit-il alors. Et se jetant
à ses pieds, il l'adora. »

Les bains de Siloé, où l'aveugle alla se laver les
yeux, existent encore ; ils sont situés hors de la ville,
au pied du mont Sion. Ils consistent en deux grands
bassins creusés au penchant de la montagne, revêtus
de murs de terrasse de trois côtés, et qui reçoivent
les eaux de la fontaine de Siloé, dont la source est
plus haut. L'eau tombe en cascade dans ces bassins,
et successivement de l'un à l'autre. Les bains de
Siloé sont devenus, par ce miracle, un monument
évangélique. Les personnes incommodées de la vue
vont s'y laver les yeux, dans l'espérance d'obtenir
leur guérison. Les Turcs négligent d'entretenir ce monument, bien que d'utilité publique. Il tombe en
ruines aujourd'hui, si l'on en juge par un récent

3..

tableau qui en a été dressé, et qui m'a été communiqué depuis peu.

Ces deux miracles sont les seuls que Jésus-Christ ait opérés à Jérusalem ; du moins nous ne voyons pas dans l'Evangile qu'il y en ait fait d'autres. L'endroit où Jésus trouva l'aveugle n'est pas désigné, mais il a y tout lieu de penser que ce fut à la porte du temple, et que c'était là qu'il demandait l'aumône, comme il est dit qu'il le faisait, à raison de son infirmité qui ne lui laissait aucun moyen de subsistance. Ce fut lors du voyage que Jésus-Christ fit à Jérusalem, à la seconde fête de Pâques depuis sa prédication, qu'il guérit le malade de trente-huit ans. Il rendit la vue à l'aveugle à la fête des Tabernacles, au mois de septembre suivant, époque à laquelle cette fête se célébrait chaque année. On voit par là qu'il ne manquait pas de se rendre aux fêtes solennelles qui étaient d'obligation pour tous les Juifs, et qui étaient au nombre de trois dans le cours de l'année ; savoir : Pâques, la Pentecôte, et la fête des Tabernacles. Il paraît même qu'il assistait à celles qui n'étaient pas ordonnées par la loi, telle que celle de la Dédicace, à laquelle il se trouva au mois de décembre de la même année. Il faisait donc tous les ans trois à quatre fois le voyage de Nazareth à Jérusalem, éloignée de trente lieues de sa résidence. La plupart de ces fêtes duraient huit jours. Jésus les passait dans le temple à prier et à enseigner le peuple. C'est au temple qu'on le voit toujours dans les récits que les Evangélistes font de lui. On ne le trouve pas ailleurs, ni dans les places publiques, ni dans des maisons particulières de la ville. Si on le trouve auprès de la Piscine Probatique, c'est que sans doute il passait par là pour se rendre au temple, qui était tout près. L'emplacement du temple, si souvent consacré par la présence et les actions du Sauveur, doit donc attirer singulièrement l'attention des voyageurs et la nôtre. Cet emplacement, quoique dépourvu de monument chrétien, est parfaitement connu. Ses limites sont circonscrites encore aujourd'hui par des galeries couvertes qui indiquent l'ancienne enceinte du temple.

La place que cette enceinte renferme a cinq cents pas ou environ de longueur, du septentrion au midi, et quatre cents de largeur, de l'orient à l'occident. Le temple de Salomon, et le temple rebâti par Zorobabel, après les soixante-dix ans de la captivité, occupaient tout cet espace. Ce dernier temple existait encore au temps de Jésus-Christ, du moins la partie principale, qui était le sanctuaire. Les accessoires avaient été reconstruits à neuf, depuis peu, par le roi Hérode, surnommé le Grand, avec une magnificence qui ne le cédait guère à celle du premier temple. L'ouvrage n'était pas même encore entièrement achevé lors de la prédication de Jésus-Christ; on y travaillait depuis quarante-six ans, comme on le voit par l'Evangile. Jésus-Christ, en parlant de son corps, disait aux Juifs dans le temple même : *Détruisez ce temple, et je le rétablirai en trois jours;* c'est-à-dire je ressusciterai trois jours après ma mort. Le geste

dont il dut se servir en prononçant ces paroles aurait dû leur en faire comprendre le sens ; mais eux,
préoccupés par leurs passions, l'entendirent ou fei-
gnirent de l'entendre du temple matériel. *Il y a
quarante-six ans, répondirent-ils, qu'on est à bâtir
ce temple, et vous le rebâtirez en trois jours?* —
La résurrection de Jésus-Christ confirma sa prédiction.

Pour bien comprendre le récit que fait l'Evangile
des différentes actions de Jésus-Christ qui eurent
lieu dans le temple, et reconnaître les lieux où chacune de ces actions se passa, il est nécessaire de se
former une idée du temple tel qu'il était à cette époque. Nous en allons donner un aperçu.

L'espace renfermé dans l'enceinte d'aujourd'hui
était alors divisé en quatre parties ; savoir : le parvis
des Gentils, qui était à l'entrée. Ce parvis, qui avait
cinq cents pas de tour, était environné d'une grande
et haute galerie, avec quatre portes vers les quatre
parties du monde : il était commun aux Juifs et aux
Gentils, c'est-à-dire aux nations étrangères, qui y
vendaient des moutons, des agneaux et des colombes,
pour être offerts en sacrifice. C'est de ce parvis que
le Sauveur, indigné de cet indécent trafic, chassa les
marchands, à la fête de Pâques, à laquelle il assista
la première année de sa prédication. C'est le premier
acte d'autorité qu'il fit, en vertu de la mission qu'il
avait reçue de son Père, et dans l'exercice de laquelle
il venait d'entrer. Il avait toléré cet abus dans ses
précédents voyages. Voici le récit que l'Evangile fait

de cette action du Sauveur, qui attira sur lui tous
les regards :

« La Pâque des Juifs était proche, et Jésus monta à Jérusalem
avec ses nouveaux disciples. Il trouva dans le temple des ven-
deurs de bœufs, de moutons et de colombes, avec des changeurs
qui étaient assis à leur comptoir. Ayant fait un fouet de petites
cordes, il les chassa tous du temple, avec les moutons et les
bœufs ; il jeta par terre l'argent des changeurs et renversa leurs
tables. Il dit à ceux qui vendaient des colombes : Otez cela d'ici,
et ne faites pas de la maison de mon Père une maison de trafic. »

On voit, par ce trait de la vie de Jésus-Christ,
que ce premier parvis, quoique découvert et sans
autel, était néanmoins réputé faire partie du temple.

C'est encore dans le parvis des Gentils que les Juifs
présentèrent à Jésus-Christ la femme adultère dont
il est parlé dans l'Evangile.

« Jésus étant un jour venu de grand matin au temple, tout le
peuple se rassembla autour de lui. S'étant assis, il les instruisait.
Les scribes et les pharisiens lui amenèrent une femme surprise
en adultère, et la placèrent au milieu de l'assemblée. Maître, lui
dirent-ils, on vient de surprendre cette femme en adultère. Or
Moïse ordonne, dans la loi, de lapider ces sortes de personnes.
Que dites-vous là-dessus? C'était pour le tenter qu'ils disaient
cela, afin de pouvoir l'accuser. Jésus, restant toujours assis, se
pencha vers la terre, et il écrivait dessus avec le doigt. — Comme
ils persistaient à l'interroger, il se redressa, et leur dit : Que
celui d'entre vous qui est sans péché lui jette la première pierre.
— Et, se penchant de nouveau, il écrivait sur la terre. — Eux,
entendant cela, s'en allèrent l'un après l'autre ; et Jésus resta
seul, la femme étant toujours debout à la même place. Alors
Jésus se relevant, lui dit : Femme, où sont ceux qui vous accu-
saient? personne ne vous a-t-il condamnée? Personne, Seigneur,
répondit-elle. — Ni moi non plus je ne vous condamnerai pas.
Allez, et ne péchez plus. »

Admirable leçon que Jésus donna à ses ennemis, qu'il couvrit de confusion! adresse divine avec laquelle il sauva la vie à cette femme! indulgence adorable dont il usa envers elle! Ce trait caractérise Jésus-Christ, et doit suffire pour le faire aimer.

De ce parvis des Gentils on entrait dans celui des Juifs, qui était la seconde partie du temple. Ce parvis était magnifique, pavé de marbre, découvert comme l'autre. Il était environné de galeries superbes, supportées par de riches colonnes. C'était là, sous les portiques, et dans les salles contiguës, que s'assemblaient les docteurs de la loi et les principaux de la nation. C'est là que Jésus-Christ eut avec eux tant de conférences, qu'il tâchait de corriger leurs vices, et qu'il eut à soutenir tant d'assauts qu'ils lui livrèrent. C'est aussi probablement sous les portiques de ce parvis que Jésus-Christ, âgé de douze ans, fut trouvé, au bout de trois jours de recherches, assis au milieu des docteurs, étonnés de sa sagesse et de ses réponses.

Parmi les différentes scènes qui se passèrent sous les portiques de ce parvis, nous n'en citerons qu'une :

« Un jour que Jésus-Christ était dans le temple, les pharisiens, qui cherchaient toujours à le surprendre dans ses paroles pour le livrer au gouverneur romain, lui envoyèrent des personnes apostées qui, contrefaisant les gens de bien, lui dirent : Maître, nous savons que vous êtes véridique, et que, sans avoir égard aux personnes, vous enseignez la voie de Dieu dans la vérité.... Dites-nous donc ce que vous pensez de ceci. Est-il permis ou non de payer le tribut à César? — Jésus, voyant leur méchanceté, leur dit : Hypocrites, pourquoi me tentez-vous? montrez-moi la monnaie du tribut; ils lui présentèrent un denier (pièce d'argent de la valeur d'environ quinze sous de notre monnaie). Jésus leur dit : De qui est cette figure et le nom qui y est inscrit? — De César, répondirent-ils. — Alors Jésus leur dit : Rendez donc à César ce qui est à César, et à Dieu ce qui est à Dieu. Ils demeurèrent confus, et ne trouvant rien dans cette réponse qu'on pût reprendre devant le peuple, ni qui pût servir de sujet d'accusation devant le gouverneur, ils se turent, et, laissant là Jésus, ils se retirèrent. »

La troisième partie du temple, découverte comme les deux précédentes, était le parvis des prêtres. Il était décoré avec magnificence. Son pavé était de marbre précieux. Au centre de ce parvis s'élevait l'autel des holocaustes, en airain, de forme carrée, ayant vingt coudées de chaque face (environ trente pieds), et quatre pieds de hauteur, y compris la rampe ou talus par lequel on y montait. C'était sur cet autel qu'on faisait brûler les animaux offerts en sacrifice, par un feu qui y était continuellement entretenu, et qu'on nommait le feu sacré, parce qu'il avait été allumé par la foudre dans l'origine.

Ce fut dans cette partie du temple que Jésus-Christ, à l'âge de six semaines, fut présenté par sa mère, et que le saint vieillard Siméon le prit entre ses bras, en disant : *C'est maintenant, Seigneur, que vous laisserez votre serviteur descendre en paix au tombeau; parce que mes yeux ont vu le Sauveur du monde.*

De grands bâtiments environnaient le parvis; ils servaient de logement aux prêtres qui étaient dans l'exercice de leurs fonctions, et en particulier de magasins où étaient renfermés les vases et autres

objets nécessaires au culte divin. C'était vraisembla-
blement aussi dans cette partie qu'était la chambre
du trésor où était déposé l'argent provenant des dons
et des offrandes des particuliers. Il en est parlé dans
l'Evangile.

« Jésus était un jour vis-à-vis le trésor, et regardait comment
le peuple y jetait de l'argent. Plusieurs personnes riches y met-
taient beaucoup; il vint une pauvre femme qui y mit deux petites
pièces de monnaie (de la valeur d'un liard). Jésus ayant appelé
ses disciples, leur dit : Je vous assure que cette pauvre veuve a
plus donné qu'aucun de ceux qui ont mis dans le trésor. Car c'est
de leur superflu qu'ils ont fait don; mais celle-ci, dans son in-
digence, a donné tout ce qu'elle avait, ce qui lui restait pour
vivre. »

A l'extrémité du parvis des prêtres était le vestibule du temple, qui avait vingt coudées de longueur
et dix de largeur. De ce vestibule on entrait dans le
temple proprement dit, qui se composait de deux
parties. La partie antérieure, qui était sans couverture,
avait soixante coudées (environ quatre-vingt-dix
pieds) de longueur, et vingt coudées ou trente pieds
de largeur. Au milieu était un autel couvert d'or,
nommé l'Autel des parfums, sur lequel on brûlait de
l'encens et des parfums précieux. L'entrée de ce
sanctuaire n'était permise qu'aux prêtres qui étaient
de service. La seconde partie, qui formait le fond du
temple, était le lieu redoutable où habitait la Majesté
Divine. On appelait cette partie *le Saint des Saints*.
Il était séparé du sanctuaire par une cloison dans
laquelle s'ouvraient deux portes de bois d'olivier; le
tout revêtu d'or. Au-devant était un grand voile cou-

leur d'hyacinthe et d'écarlate, et de fin lin, relevé de broderies, qui pendait du haut en bas. C'est ce voile qui fut déchiré en deux au moment de la mort de Jésus-Christ. Le *Saint des Saints* renfermait l'Arche d'alliance, aux deux côtés de laquelle étaient deux figures de chérubins de bois doré, de dix coudées de hauteur (quinze pieds), dont les ailes couvraient l'Arche. L'entrée du *Saint des Saints* n'était permise qu'au souverain Pontife, encore n'était-ce qu'une fois l'année.

Tel était le temple de Jérusalem, le seul que le vrai Dieu eût sur la terre, et révéré de tous les peuples. Ce temple n'existe plus; mais son emplacement est si bien marqué, sa distribution si bien connue, qu'on ne peut s'y méprendre. Le voyageur chrétien, placé sur la montagne opposée des Oliviers, peut facilement distinguer en imagination la place qu'occupaient chacun des trois parvis que nous venons de décrire, ainsi que les deux sanctuaires. Il peut se dire : Ici Jésus-Christ a sauvé la vie à la femme adultère; là il a couvert de confusion ses ennemis; plus loin il a été présenté à Dieu par sa mère, quarante jours après sa naissance. Il peut se représenter l'Homme-Dieu, armé d'un fouet, et avec ce faible instrument chassant du temple ceux qui le déshonoraient par leur trafic. Le sommet du mont Moria est un monument qui ne périra jamais. Jérusalem fût-elle détruite de fond en comble, l'emplacement du temple de Salomon restera toujours dans la mémoire des hommes.

Mais, au milieu de tant de souvenirs intéressants, on doit être singulièrement affligé de voir ce lieu consacré par tant de merveilles, honoré si souvent de la présence du Sauveur, maintenant couvert d'un édifice dédié à l'imposteur Mahomet.

Nous répugnons à donner la description de cette mosquée dans un écrit destiné à faire connaître les monuments évangéliques. Nous dirons seulement que c'est un bâtiment octogone, placé au centre d'un vaste parvis, dont les murs extérieurs sont revêtus en carreaux de briques peintes de diverses couleurs, et sur lesquelles on lit des passages du Coran, écrits en lettres d'or. Une lanterne à huit faces, percée d'une fenêtre à chaque face, couronne la mosquée. Cette lanterne est couverte d'un dôme en plomb surmonté d'une flèche terminée par un croissant. Voilà l'aspect que présente la grande mosquée des Turcs. L'intérieur n'est pas connu des chrétiens. Il leur est interdit, sous peine de mort, d'y pénétrer, et même d'en considérer les abords avec curiosité. Tirons le rideau sur le monument mahométan, et ne nous occupons plus que des monuments chrétiens.

Les monuments chrétiens de Jérusalem sont relatifs aux souffrances et à la mort de Jésus-Christ, à sa résurrection, à son ascension au ciel, et à l'établissement de l'Église primitive.

Le lecteur se souviendra que nous nommons monument, en général, tout ce qui peut retracer des souvenirs intéressants, et qui nous a été transmis de génération en génération par une tradition constante et fidèle.

Comment naquirent la jalousie et la haine des Juifs contre Jésus-Christ? Nous savons comment ils cherchaient à le surprendre dans ses paroles, afin d'avoir sujet de l'accuser. Réduits au silence par la sagesse de ses réponses, ils revenaient bientôt après pour l'observer, pendant qu'il parlait au peuple dans le temple. — *Si quelqu'un garde ma parole*, disait-il, *il ne mourra jamais*.

« (Choqués de ce discours) : Nous voyons bien, lui dirent-ils, que vous êtes possédé du démon. Abraham est mort; les prophètes sont morts aussi; et vous dites que, si quelqu'un garde votre parole, il ne mourra pas. Etes-vous plus grand que notre père Abraham?... — Abraham votre père, leur dit-il, a désiré avec ardeur de voir mon jour, il l'a vu, et il a été comblé de joie. Les Juifs lui dirent : Quoi! vous n'avez pas encore cinquante ans, et vous avez vu Abraham ? Jésus leur repartit : En vérité, en vérité, je vous le dis : Je suis avant qu'Abraham fût au monde. — Là dessus ils prirent des pierres pour le lapider. Mais Jésus se déroba à leurs yeux et sortit du temple. »

On voit ici la fureur de ces ennemis du Sauveur s'accroître au point de vouloir lui ôter la vie. Dès lors sa perte fut résolue.

Nous voici arrivés à l'époque de la vie de Jésus-Christ où il devait mourir pour le salut du genre humain. Mais il fallait qu'il fût auparavant reconnu pour le Messie, et que, suivant les prophéties, il entrât en triomphe dans Jérusalem. C'était huit jours avant la grande fête de Pâques.

Jésus avait passé chez ses amis de Béthanie la journée du sabbat qui précédait la Pâque. Le lendemain,

qui était le premier jour de la semaine, il se mit en
marche pour Jérusalem, avec ses disciples.

« Comme ils approchaient de la ville et qu'ils étaient, au pied
de la montagne des Oliviers , non loin d'un hameau nommé Bethphagé , il envoya deux de ses disciples auxquels il dit : Allez au
village que vous voyez devant vous ; en y entrant, vous trouverez
une ânesse attachée , et son ânon avec elle. Détachez-le , et me
l'amenez. Si quelqu'un vous dit : Pourquoi le détachez-vous ? vous
lui ferez cette réponse : C'est que le Seigneur en a besoin; et aussitôt il le laissera aller. Tout cela se fit , afin que cette parole du
prophète s'accomplît : Dites à la fille de Sion : Voici votre roi qui
vient à vous plein de douceur , monté sur une ânesse et sur
l'ânon de celle qui porte le joug. Les disciples s'en allèrent et
firent ce que Jésus leur avait ordonné. Ils trouvèrent, comme il
leur avait dit , l'ânon attaché au-dehors devant une porte , entre
deux chemins, et le détachèrent. Comme ils le faisaient , ceux à
qui il appartenait leur dirent : Pourquoi détachez-vous cet ânon ?
— C'est, répondirent-ils, que le Seigneur en a besoin. Et ces gens
laissèrent aller l'ânon. Les disciples l'amenèrent à Jésus, ainsi que
l'ânesse, et les ayant couverts de leurs vêtements, ils firent monter Jésus dessus (c'est-à-dire sur l'ânon d'abord , et successivement sans doute sur l'ânesse dans le cours du chemin). »

Au temps du voyage de M. Doubdan , on voyait
encore des vestiges du village de Bethphagé , à environ mille pas de Jérusalem. Ce doit être près du
sommet de la montagne , au revers qui regarde le
levant.

Suivons Jésus-Christ jusqu'à Jérusalem. Le chemin
passe à la jonction du mont des Oliviers avec celui du
Scandale. Il est un peu excavé en cet endroit. On
laisse à gauche le sommet du mont du Scandale. De
ce point le chemin va en tournant, et descend obliquement le côté de la montagne qui regarde Jérusa-

lem. Cette route paraît avoir été travaillée de mains d'hommes, pour rendre la pente plus douce. Il paraît que, du temps de Jésus-Christ, on descendait la montagne par un chemin plus court et rapide qu'on voit, à quelque distance, à la droite. C'est sur ce dernier chemin, à peu près à mi-côte, qu'on rencontre une roche nommée la *Roche de la Prédiction,* parce que c'est en cet endroit que, suivant la tradition, le Sauveur pleura sur le sort de Jérusalem, au milieu de son triomphe, et qu'il prédit la ruine de cette malheureuse ville. Voici le récit que l'évangéliste saint Jean fait de cette circonstance mémorable :

« Jésus, étant à la descente de la montagne des Oliviers, et approchant de la ville, jeta les yeux sur elle, en disant : Ah ! si du moins en ce jour qui t'est encore accordé, tu savais ce qui peut te procurer la paix ! mais cela est maintenant caché à tes yeux. Il viendra un jour où tes ennemis t'environneront de fossés, et te resserreront de toutes parts ; qu'ils te renverseront par terre, toi et tes enfants qui sont dans ton sein, et qu'ils ne laisseront pas en toi pierre sur pierre, parce que tu n'as pas connu le temps où tu as été visitée. »

Cette prédiction fut accomplie à la lettre trente-huit ans après la mort de Jésus-Christ. Une armée romaine, sous la conduite de Titus, fils de l'empereur Vespasien, investit Jérusalem et l'entoura de lignes de circonvallation qui ne permettaient pas d'y introduire des vivres. La tradition porte que la sixième légion romaine était campée au lieu même où Jésus-Christ avait prédit la ruine de la ville. C'était au temps de la fête de Pâques. La ville était remplie d'une multitude prodigieuse de Juifs qui s'y étaient rendus de tous pays pour assister à la fête. La famine s'y mit. Toutes les subsistances étant épuisées, les habitants furent contraints de manger le cuir de leurs souliers, celui de leurs boucliers, et jusqu'aux ordures qui étaient dans les égouts. On vit une mère égorger son enfant pour le manger. Enfin la ville fut prise et incendiée, le temple brûlé, les habitants furent passés au fil de l'épée. Il y périt, tant par la faim que par le fer et le feu, onze cent mille hommes, sans compter quatre-vingt-dix-sept mille prisonniers qui furent faits par les assiégeants. Une partie de ces prisonniers furent condamnés aux travaux publics. Sept cents des plus beaux furent envoyés à Rome, pour être menés en triomphe. Les plus robustes furent destinés à combattre dans les amphithéâtres contre les bêtes féroces et contre eux-mêmes, pour amuser le peuple romain. Les femmes et les jeunes gens au-dessous de dix-sept ans furent vendus comme des bêtes, trente pour un denier. Punition du crime par lequel ils avaient vendu le sang du Juste pour trente deniers; accomplissement de l'anathème qu'ils avaient prononcé contre eux-mêmes, en criant : *Que son sang retombe sur nous et sur nos enfants!*

La roche où Jésus-Christ prédit cette catastrophe nous paraît être l'un de ces rochers parallèles et faisant saillie hors de terre, en forme de mur de terrasse, dont parlent M. Doubdan et M. de Châteaubriand, et qu'on voit dans toutes les montagnes de Judée. Le chemin du mont des Oliviers coupe l'une

de ces lignes de rochers ; et le Sauveur était parvenu
là lorsque, jetant les yeux sur la ville, il déplora son
malheur dans les termes que nous venons de rap-
porter. Cette roche devient par là un monument im-
périssable. Continuons à descendre la montagne à la
suite de Jésus-Christ, avec l'Evangéliste :

« Cependant le bruit de son arrivée se répandit dans Jérusalem.
Une foule de peuple, qui y était venue pour la fête, l'ayant
appris, alla au-devant de lui, portant à la main des branches de
palmier, et en criant : Béni soit le Roi d'Israël qui vient au nom
du Seigneur ! Un grand nombre étendaient leurs vêtements sur
son passage. D'autres coupaient des branches aux arbres, en jon-
chaient le chemin. Des troupes de gens marchaient en avant,
d'autres étaient à la suite, et tous criaient : Hosannah au fils
de David ! Béni soit son règne ; gloire à Dieu au plus haut des
cieux !

C'est dans cet appareil de triomphe que Jésus-Christ
entra à Jérusalem. Son entrée dut se faire par la
porte Dorée, dont nous avons donné la situation, et
à laquelle aboutit la route du mont des Oliviers.
Cette porte est aujourd'hui murée ; elle est enclavée
dans le mur qui ferme la ville et le parvis du temple.
On rapporte à l'entrée triomphale de Jésus-Christ,
par la porte Dorée, la prophétie d'Ezéchiel, qui dit
*avoir vu la gloire et la majesté du Dieu d'Israël en-
trer dans le temple par la porte orientale*, qui est
celle-ci. La porte Dorée n'est éloignée que d'environ
deux cent cinquante pas de la porte Saint-Etienne,
qui est sur la même ligne, et par laquelle on entre
dans la ville en venant du côté de Béthanie, depuis
que la porte Dorée a été murée par les Turcs.

Ce triomphe de Jésus-Christ acheva de mettre le comble à la fureur des princes des prêtres, des scribes et des pharisiens. Ils étaient indignés d'entendre les enfants criant hautement dans le temple : *Hosannah au fils de David!* mais ils n'osèrent mettre la main sur lui, parce qu'ils voyaient le peuple dans l'admiration de ses miracles et de sa doctrine. Toutefois Jésus, par prudence, retourna à Béthanie, sur le soir, avec ses disciples; ce qu'il continua de faire tous les jours, jusqu'au moment de sa passion.

On ne voit pas que Jésus-Christ ait eu à Jérusalem des hôtes pour le recevoir comme il en avait à Béthanie, à Capharnaüm et à Bethsaïde. Les principaux habitants de Jérusalem étaient ses ennemis jurés. Il est probable que, dans ses voyages à la capitale, il allait chaque jour prendre son gîte à Béthanie, comme il fit constamment aux approches de sa passion. Peut-être aussi allait-il quelquefois coucher avec ses disciples au hameau de Gethsémani, au-dessous duquel était un jardin dans lequel il avait coutume d'aller prier la nuit. Le hameau de Gethsémani n'existe plus; mais l'emplacement en est connu, ainsi que le jardin. C'est dans ce jardin qu'il fut livré aux Juifs, comme nous le verrons ci-après.

Deux jours avant la célébration de la Pâque, Jésus prévint ses disciples qu'il serait livré entre les mains des Juifs, pour être crucifié. En effet, ce jour-là même, les princes des prêtres et les anciens s'assemblèrent dans la salle du grand-prêtre, nommé Caïphe, et ils délibérèrent de se saisir par surprise de la personne de Jésus, et de le faire mourir. Il s'agissait de trouver les moyens d'exécuter ce projet, sans s'exposer à une émotion populaire, ce qui n'était pas facile. Judas, surnommé Iscariote, l'un des douze disciples de Jésus-Christ, les tira de cet embarras.

« Suscité par Satan qui s'était emparé de lui, ce traître vint leur proposer de livrer Jésus. — Que voulez-vous me donner, leur dit-il, et je le livrerai entre vos mains ? Pleins de joie de l'entendre, ils s'engagèrent à lui payer trente pièces d'argent; Judas s'engagea, de son côté, à remplir sa promesse ; et, depuis ce moment, il cherchait l'occasion de le livrer, à l'insu du peuple. »

Jésus n'ignorait pas le dessein de Judas; il le suivait des yeux de l'esprit dans toutes ses démarches. Il n'eût tenu qu'à lui de faire échouer son projet ; mais ce projet même entrait, comme moyen, dans le plan de la rédemption du genre humain, que Jésus allait réaliser. Il laissa donc faire ce malheureux, et n'hésita pas à se rendre à la fête avec ses disciples. Judas, qui était venu le rejoindre à Béthanie, pour épier le moment favorable d'exécuter sa trahison, faisait partie du cortége.

« Le lendemain, premier jour des azymes (correspondant à notre jeudi), jour auquel on était obligé d'immoler la Pâque, les disciples s'adressèrent à Jésus et lui dirent : Où voulez-vous que nous allions préparer ce qu'il faut pour manger la Pâque? — Allez à la ville, dit Jésus à Pierre et à Jean, deux de ses disciples. Au moment que vous y entrerez, vous rencontrerez un homme portant une cruche d'eau ; suivez-le dans la maison où il entrera, et, quelque part que ce soit, vous direz au père de famille de cette maison : Voici ce que dit le maître : Mon temps approche (c'est-à-dire le jour de sa mort), je fais la Pâque chez vous avec mes disciples. Où est le lieu où je puisse la manger avec eux ? et il vous montrera nne grande salle garnie de tapis. Faites-nous là les préparatifs.

» Les disciples s'en allèrent à la ville ; et, y étant arrivés, ils préparèrent la Pâque. Sur le soir, Jésus se rendit au même lieu, et quand l'heure fut arrivée, il se mit à table avec ses douze apôtres, et leur dit : J'avais un grand désir de manger de cette Pâque avec vous, avant que de souffrir. Car je vous le dis, je ne la mangerai plus jusqu'à ce qu'elle reçoive son entier accomplissement dans le royaume de Dieu. »

La maison où Jésus-Christ fit sa dernière Pâque se nomme le *Saint-Cénacle*. Cette maison appartenait sans doute à quelque riche particulier, si l'on en juge par cette grande salle décorée dont il est parlé. On suppose que le maître de la maison était un disciple secret de Jésus-Christ. Ce fut la seule fois de sa vie que le Sauveur affecta de la magnificence. La solennité de la circonstance l'exigeait ainsi. C'était un père qui réunissait ses enfants pour leur faire ses derniers adieux. Il devait y instituer la divine Eucharistie, et par cette raison consacrer cette maison, comme elle devint en effet le premier temple chrétien. Jamais il n'y eut de cérémonie plus auguste. Tout ce qui se passa dans cette réunion mérite la plus grande attention. Transportons-nous-y en esprit, et recueillons-en les principales circonstances.

Suivant la loi, l'agneau pascal devait être immolé le quatorzième jour du mois où tombe l'équinoxe du printemps, correspondant à notre mois de mars. L'immolation de l'agneau devait se faire entre les deux soirs, c'est-à-dire l'intervalle entre midi et le coucher du soleil. La Pâque, c'est-à-dire l'agneau, devait

être mangée le soir du même jour. On voit ici pourquoi Jésus-Christ ne se rendit au Cénacle que le soir.
Ç'avait été l'affaire des deux disciples envoyés à l'a-
vance de faire immoler l'agneau et de faire les préparatifs pour la cène.

On doit distinguer ici la manducation de l'agneau
pascal d'avec la cène ou le souper qui la suivit. Suivant la loi, l'agneau pascal devait être mangé par les
Israélites, debout, le bâton à la main, comme des
voyageurs prêts à partir, en mémoire de la Pâque
qu'ils firent à leur sortie d'Egypte. Il n'est pas dou-
teux que Jésus-Christ, exact observateur de la loi,
mangea de l'agneau dans cette posture. Ce ne fut
qu'après avoir accompli ce précepte légal qu'il se mit
à table avec ses disciples, pour prendre le repas ordinaire qu'on nomme la cène, où la réalité succéda
à la figure.

« La cène, ou autrement le souper étant fini, et le démon ayant
déjà inspiré à Judas Iscariote le dessein de trahir son maître, Jésus sachant que son heure était venue de passer de ce monde à
son Père, comme il avait aimé les siens qui étaient dans le monde,
et qu'il les aima jusqu'à la fin, lui qui savait que la toute-puis-
sance lui avait été donnée par son Père, qu'il était sorti de Dieu
et qu'il retournait à lui (et, pour exprimer tout cela en un seul
mot, Jésus tout Dieu et tout-puissant qu'il se connaissait et qu'il
était), se leva de table, quitta ses vêtements, et prit un linge dont
il se ceignit les reins ; ensuite il mit de l'eau dans un bassin, et
commença à laver les pieds de ses disciples, qu'il essuya avec le
linge dont il était ceint. »

Il faut savoir que les anciens allaient pieds nus,
et que c'était un devoir d'hospitalité de laver les
pieds de ses hôtes, lorsqu'ils arrivaient de voyage.

« Lorsqu'il fut venu à Simon-Pierre, ce disciple lui dit : Quoi, Seigneur, vous me laveriez les pieds ! Jésus lui répondit : Ce que je fais, vous ne le comprenez pas à présent, mais vous le comprendrez à la suite. — Jamais, lui dit Pierre, je ne souffrirai que vous me laviez les pieds. — Si je ne vous lave pas, reprit Jésus, vous n'aurez pas de part avec moi. — Ah ! Seigneur, répliqua Pierre, lavez-moi non-seulement les pieds, mais encore les mains et la tête. — Jésus lui dit : Celui qui a été purifié n'a besoin que de se laver les pieds, et il est entièrement pur. Aussi êtes-vous purs, mais non pas tous. Il parlait ainsi, sachant quel était celui qui devait le trahir. C'est pour cela qu'il dit : Vous n'êtes pas tous purs.

» Après qu'il leur eut lavé les pieds (même au traître Judas), et qu'il eut repris ses vêtements, il se remit à table et leur dit : Comprenez-vous ce que je viens de vous faire ? Vous me nommez maître et Seigneur, et vous dites bien, car je le suis en effet. Si donc je vous ai lavé les pieds, moi qui suis votre Seigneur et votre maître, vous devez aussi vous les laver les uns aux autres. Je vous ai donné l'exemple, afin que vous fassiez aux autres ce que je vous ai fait........»

Quelle impression ne dut pas faire sur les apôtres cette action de Jésus-Christ ! Voir leur maître s'abaisser jusqu'à leur laver les pieds ! Et quelle impression ne devrait pas faire sur nous, si nous y réfléchissions bien, cet abaissement d'un Dieu aux pieds de sa créature ! Mais la faiblesse humaine ne peut comprendre la grandeur de Dieu. Il faut que l'humilité soit une vertu nécessaire à l'homme, pour que Jésus-Christ ait cru devoir nous en donner un pareil exemple. Nous allons voir quelque chose de bien plus étonnant encore.

« Ils étaient encore à table, lorsque Jésus prit du pain, rendit grâces à Dieu, bénit ce pain, le rompit et le donna à ses disciples, en disant : Prenez et mangez ; ceci est mon corps qui est donné pour vous.'Faites ceci en mémoire de moi. Il prit de même la coupe, il rendit grâces et la leur donna, en disant : Buvez-en tous, car ceci est mon sang, le sang de la nouvelle alliance qui sera répandu pour vous et pour beaucoup d'autres, pour la rémission des péchés. »

Se donner tout entier à ses amis, s'incorporer avec eux pour ne faire plus qu'un, l'amour ne peut se porter plus loin. Dieu, tout-puissant qu'il est, n'en peut faire davantage. Il n'est pas étonnant qu'après une telle faveur Jésus frémisse à la pensée que l'un de ceux qui venaient de recevoir cette faveur inconcevable devait le livrer à ses ennemis.

« Jésus se troubla alors, et parlant avec protestation, il dit : En vérité, en vérité, je vous le dis, l'un de ceux qui mangent avec moi me trahira ! — Sur cela les disciples se regardèrent l'un l'autre, ne sachant de qui il parlait; et, fort affligés, ils se mirent chacun à lui dire : Serait-ce moi, Seigneur ? — Il se contenta de répondre : C'est un de ceux qui mettent la main au plat avec moi, Judas, qui le trahit, lui dit à son tour : Maître, est-ce moi ? Jésus lui répondit : Vous l'avez dit. »

(Mais la réponse fut si secrète que Judas seul l'entendit. Jésus voulut le ménager jusqu'au bout. On doit supposer que cette réponse se fit à voix basse, par le seul mouvement des lèvres, et que, par un effet de sa puissance, Jésus la fit parvenir à Judas.)

« Les disciples, toujours inquiets, se demandaient les uns aux autres qui d'entre eux pouvait être capable de cette action. L'un d'eux, que Jésus aimait particulièrement, et qui était couché la tête proche de son sein, sur un signe que lui fit Simon-Pierre, se pencha sur le sein de Jésus, et lui demanda (à voix basse) : Qui est-ce, Seigneur? — C'est celui, dit Jésus (aussi à voix basse), auquel je vais présenter du pain trempé. Et trempant en effet du pain, il le donna à Judas Iscariote. »

Ce n'était pas le pain eucharistique ; il était entièrement consommé ; c'était une dernière marque de tendresse que lui donnait son maître, en lui présentant du pain assaisonné. Mais ce bienfait ne fit qu'endurcir Judas.

« Aussitôt qu'il eut pris le morceau de pain, Satan s'empara de lui. Ce que Jésus connaissant, il lui dit : Faites au plus tôt ce que vous devez faire. Judas entendit bien ce langage ; mais aucun des autres ne comprit pour quel sujet Jésus lui avait parlé ainsi. Comme Judas portait la bourse, quelques-uns s'imaginèrent qu'il le chargeait d'acheter quelque chose pour la fête, ou de faire quelque aumône aux pauvres. Judas sortit à l'instant de la salle. — Or il était nuit..... (l'évangéliste en fait la remarque expresse). Après qu'on eut dit le cantique (d'action de grâces), ils quittèrent la table et sortirent pour se rendre au jardin des Oliviers. »

Voilà ce qui se passa au Cénacle. Le récit en était nécessaire pour faire comprendre l'importance de ce monument, et pour jeter du jour sur ce qui va suivre.

On conçoit quel respect, quel attachement les disciples de Jésus-Christ devaient avoir pour le lieu où ils avaient reçu les derniers adieux de leur maître, et de si grands témoignages de son affection. Aussi cette maison devint-elle le lieu ordinaire de leurs assemblées et leur point de réunion. Après l'établissement du christianisme, les chrétiens de Jérusalem continuèrent à s'y assembler *le jour du Seigneur*, c'est-à-dire le jour de la semaine que nous nommons le dimanche, pour y prendre le repas commun, suivant l'ordre du Seigneur. A la fin du repas ils rompaient le pain eucharistique, et buvaient le calice, en mémoire de lui. On croit que c'était la coupe même dont s'était servi le Sauveur qui était employée au même usage dans ces assemblées ; d'où vient sans doute cette expression dont se sert encore l'Eglise catholique, au moment de la consécration : *Accipiens hunc præclarum calicem in sanctas et venerabiles manus suas.... Prenant cette précieuse coupe dans ses mains vénérables.....*

Ce local était très commode pour de telles assemblées. C'était un bâtiment isolé, placé à l'écart, composé, suivant la tradition, de quatre grandes salles, deux par le bas et deux supérieures, l'une desquelles était le *Cœnaculum grande, stratum,* c'est-à-dire la vaste salle à manger, garnie de tapis de pied, suivant l'usage des Orientaux, désignée par Jésus-Christ, et dans laquelle il fit sa dernière cène avec ses disciples.

Le Cénacle fut, par la suite, transformé en une église que l'impératrice sainte Hélène fit construire dans le même emplacement, conservant toujours la distribution primitive de la maison ; de sorte que cet édifice se composait de deux églises, l'une basse, au rez de chaussée, et l'autre supérieure, chacune desquelles était divisée en deux parties. Saint Jérôme parle de cette église comme l'ayant vue. Saint Cyrille, évêque de Jérusalem, qui vivait au quatrième siècle, fait mention de cette église dans un sermon qu'il y prononça, et dans lequel il s'exprime ainsi : *Nous connaissons le Saint-Esprit qui descendit sur les Apôtres, en forme de langues de feu, le jour de*

la Pentecôte , au lieu même où nous sommes, à Jé-rusalem, en l'église supérieure des saints Apôtres.
C'est ainsi qu'on nommait alors le Saint-Cénacle.
Saint Cyrille mourut en l'an 380.

Cette église subsistait encore en l'an 1343, époque
à laquelle Robert , roi de Naples et de Jérusalem, fit
construire, dans la même enceinte , un monastère
pour servir d'habitation à des religieux auxquels il
confia la garde du Saint-Sépulcre. Ce sont les successeurs de ces religieux qu'on nomme aujourd'hui
les Pères de Terre-Sainte. Ils occupèrent le Saint-
Cénacle jusqu'en l'an 1559 ou 1561, qu'ils en furent
chassés par les Turcs qui le possèdent depuis ce
temps , et qui ont fait de l'église une mosquée, et du
monastère un hôpital. Depuis cette époque , les Pères de Terre-Sainte sont établis dans un bâtiment
situé à la pente du mont Sion , deux cents pas au-
dessus de l'église du Saint-Sépulcre.

Le saint-Cénacle est aujourd'hui un grand et ancien bâtiment fermé de murailles, au-dessus desquelles on voit s'élever un dôme. C'est tout ce qu'ont
pu voir et qu'en disent M. Doubdan et M. de Châteaubriand, qui en visitèrent les dehors , l'un en l'année
1652 , et l'autre en 1810. L'intérieur n'est pas connu ; l'entrée est sévèrement interdite aux chrétiens.

Ce bâtiment est situé au midi de Jérusalem, hors
de la ville, à la pente du mont Sion, à la distance
de deux à trois cents pas de la porte de ce nom. Au-
dessous, vers le midi, est la vallée de Géhonnon,
qui court du couchant au levant parallèlement aux

murs de la ville, et qui va déboucher dans la vallée de Josaphat. Telle est la situation du Saint-Cénacle, qu'il était nécessaire de faire connaître pour l'intelligence de ce qui va suivre.

Nous avons laissé Jésus-Christ sortant du Cénacle pour se rendre au jardin des Oliviers avec ses apôtres. L'historien sacré remarque qu'il était nuit close lorsqu'ils en sortirent. On suppute qu'il pouvait être alors huit heures du soir. C'était à l'équinoxe du printemps, et, dans cette saison, la nuit n'est parfaitement close qu'à cette heure. La lune était alors dans son plein, puisque c'était le quatorzième jour que se faisait la Pâque. On voyait assez pour se conduire aisément, et le temps devait être serein, puisque l'Evangile remarque qu'il faisait froid cette nuit, et que saint Pierre fut obligé de se chauffer à un feu allumé dans la cour de la maison du grand-prêtre.

En sortant du Cénacle, Jésus-Christ et ses apôtres prirent le chemin qui conduit au jardin des Oliviers. Ce chemin, qui n'est aujourd'hui qu'un sentier qui descend du mont Sion, traverse la campagne au-dessous des murs de la ville. On pouvait s'entretenir sans crainte d'être rencontré ni entendu à cette heure.

Nous estimons que la distance du Cénacle au jardin des Oliviers peut être d'un quart de lieue et demi. C'est dans ce trajet que Jésus tint à ses disciples ce long et admirable discours rapporté par l'Evangéliste saint Jean, l'un deux. La seule lecture de ce discours exige un quart d'heure et demi, épreuve faite. Mais

4..

il est évident que Jésus-Christ employa beaucoup plus longtemps à le prononcer. Ce n'est pas un discours suivi ; il est entremêlé de conversations avec ses disciples, de questions qu'ils lui faisaient, et de ses réponses. Il y a des interruptions, et même des pauses dans le cours de la marche. Représentons-nous Jésus marchant à petits pas, les disciples entourant leur maître, s'arrêtant de temps en temps, et même s'asseyant à terre et se reposant une fois ; car saint Jean le donne positivement à entendre par ces mots qui interrompent son récit, et placés à peu près au tiers du discours : *Surgite, eamus hinc ;* c'est-à-dire : *Levez-vous, partons d'ici.*

« Mes chers enfants, leur disait Jésus dans le chemin, je ne suis plus avec vous que pour bien peu de temps ; vous me chercherez, comme je l'ai dit aux Juifs ; mais vous ne pouvez venir où je vais. — Je vous fais un commandement nouveau : c'est de vous aimer les uns les autres, comme je vous ai aimés... Simon-Pierre l'interrompant, lui dit : Seigneur, où allez-vous ? Jésus lui répondit : Vous ne pouvez me suivre maintenant, mais vous me suivrez plus tard. (Il voulait lui dire à la mort de la croix, comme cela arriva effectivement). Pourquoi ne puis-je vous suivre maintenant ? reprit Pierre ; je suis prêt à donner ma vie pour vous. — Vous donneriez votre vie pour moi ! lui dit Jésus ; en vérité, je vous le dis : avant le second chant du coq, cette nuit même, vous me renierez trois fois (1). — Dussé-je mourir avec vous, répliqua Pierre, je ne vous renierai pas. Tous les disciples en dirent autant. »

On doit se souvenir que Juda n'était pas avec eux ;

(1) On distingue deux moments différents où le coq chante pendant la nuit : le premier est à minuit à peu près ; c'est le premier chant ; le second est à la pointe du jour. Ainsi ces paroles du Sauveur, avant le second chant du coq, signifient proprement : avant que le point du jour paraisse, vous me renierez trois fois.

il était allé trouver les princes des prêtres pour ac-
complir son projet de trahison.

Ils s'entretenaient ainsi le long du chemin, les
disciples faisant des questions à leur maître ; Jésus
leur répondait et les consolait, leur disant : *Je ne
vous laisserai pas orphelins.... je reviendrai vous visiter.... je vous enverrai l'Esprit consolateur.... je
vous laisse ma paix, je vous donne ma paix.... que
votre cœur ne se trouble pas ; soyez sans crainte.....*
Il paraît qu'ils étaient alors assis ; car c'est en ce
moment que Jésus leur dit : *Levez-vous; allons-
nous-en.* Ils continuèrent à marcher.

Jésus commença alors un discours suivi, les in-
struisant, leur recommandant de s'aimer les uns les
autres, les nommant ses amis, leur prédisant les
persécutions qu'ils auraient à essuyer, les assurant
de sa protection, et finissant par une prière ardente
qu'il adressa pour eux à Dieu son Père, ainsi que
pour ceux qui croiraient un jour en lui, du nombre
desquels nous avons le bonheur d'être.

« Après cela, Jésus passa avec ses disciples le torrent de Cédron, qui coule dans la vallée de Josaphat, dans un endroit vis-
à-vis duquel il y avait un jardin, dans lequel il entra lui et ses
disciples. »

Ce jardin est celui des Oliviers, qui existe encore
aujourd'hui. On passe le torrent sur un pont d'une
seule arche, qui se trouve à peu de distance du jardin. — Arrêtons-nous ici pour considérer ce local
devenu si intéressant par les scènes qui s'y sont
passées.

Le jardin des Olives, ou des Oliviers, est situé au pied de la montagne du même nom, à l'enfourchement de l'ancien et du nouveau chemin qui conduit de Jérusalem à Béthanie, près du bord du torrent de Cédron, en face du mur de la ville, vis-à-vis l'entre-deux de la porte Dorée et de la porte Saint-Étienne. Un peu au-dessus de ce jardin était le hameau de Gethsémani, où Jésus allait souvent le soir avec ses disciples. Pour s'y rendre de la ville, il faut passer le torrent de Cédron. Le jardin des Olives était une dépendance de ce hameau. Au temps de Jésus-Christ, il était planté en Oliviers, d'où il a pris son nom. On y voit encore aujourd'hui huit arbres de cette espèce, très gros et extrêmement anciens. Ils étaient au nombre de neuf au temps du voyage de M. Doubdan, il y a cent soixante ans; ce sont toujours les mêmes. Pour les conserver et pour empêcher la profanation de ce saint lieu, les Pères de Terre-Sainte l'ont fait clore d'un mur en pierres sèches, à leurs frais. Ce jardin leur appartient en propriété.

A la distance de soixante à quatre-vingts pas du jardin des Olives, vers le bord, est une grotte creusée dans le flanc de la montagne, dans laquelle on descend par sept à huit degrés grossièrement faits. Cette grotte est presque ronde; la voûte en est soutenue par trois gros piliers presque bruts, taillés dans la roche même, comme toute la grotte, qui peut avoir quinze pieds de diamètre. Elle ne reçoit le jour que par la porte et par une ouverture ronde comme

celle d'un puits, qui perce la voûte jusque au-dessus
du sol. On entrait autrefois de plain-pied dans cette
grotte, qui paraît avoir été dans l'origine une
carrière. Le terrain de la vallée ayant été exhaussé
par des décombres, on y descend aujourd'hui.

Cette grotte est le lieu où Notre-Seigneur se retirait
pour prier. C'est là que, la veille de sa passion, il
tomba dans une agonie mortelle. En mémoire de ce
mystère, les chrétiens avaient élevé sur cette grotte
une église qui existait encore au temps de saint Jérôme, mais dont il ne reste plus aujourd'hui aucun
vestige. Le dessus de cette grotte est une terre la-
bourable. On voit encore dans l'intérieur quelques
restes de peintures. Au fond de la grotte, en face de
la porte, est un autel où les religieux de Jérusalem
viennent célébrer la messe en certains jours de
l'année, quoique la grotte soit souvent remplie d'ordures de chèvres et de moutons, que les gens de la
campagne y retirent pendant les grandes chaleurs.

C'est dans le jardin des Olives que Jésus-Christ fut
livré aux Juifs par Judas Iscariote. Ce traître connaissait le lieu, parce que Jésus s'y était souvent ras-
semblé avec ses disciples.

Il pouvait être environ neuf heures du soir lorsque Jésus-Christ entra au jardin des Olives avec onze
de ses disciples. Judas était alors occupé à faire les
préparatifs de sa criminelle entreprise et à rassembler
ses gens.

« A son entrée dans le jardin, Jésus dit à ses disciples : Demeu-
rez ici, pendant que je m'en irai là pour prier (c'est-à-dire à quel-

que distance); priez aussi vous-mêmes, afin que vous n'entriez pas en tentation. Il prit seulement avec lui Pierre, Jacques et Jean. (Les mêmes qui l'avaient accompagné au Thabor. Les choses étaient ici bien différentes.) »

C'est ici que commencent les scènes lugubres de la passion du Sauveur. Nous allons les retracer dans les termes de l'Evangile. Que le lecteur se transporte en imagination avec nous sur les lieux mêmes. Ces scènes acquièrent un nouveau degré d'intérêt quand on connaît la situation des lieux où elles se sont passées.

« Jésus se trouvant seul avec ses trois disciples chéris, commença à sentir de l'effroi et de la tristesse. Mon âme, leur dit-il, est triste jusqu'à la mort. Attendez ici, et veillez avec moi. S'étant un peu avancé, il s'écarta d'eux à la distance d'un jet de pierre. Là, prosterné le visage contre terre, il fit cette prière : Mon Père, détournez, s'il vous plaît, de moi ce calice. Cependant que ce ne soit pas ma volonté, mais la vôtre qui s'accomplisse. Et étant réduit à l'agonie, il continua à prier : Mon Père, mon Père, disait-il, tout vous est possible, détournez de moi ce calice ! Qu'il en soit néanmoins non ce que je veux, mais ce que vous voulez. Alors il lui prit une sueur semblable à des gouttes de sang qui tombaient sur la terre. »

Dans cet état de détresse dont l'homme ne peut se faire une idée, et qu'un Homme-Dieu seul pouvait supporter sans mourir,

« Un ange descendant du ciel lui apparut pour le conforter (fortifié par cette céleste vision, il suspendit sa prière), et étant venu vers ses disciples, il les trouva endormis de tristesse ; il dit à Pierre : Simon, vous dormez? vous n'avez pu veiller une heure avec moi ! veillez et priez, pour que vous n'entriez pas en tentation. L'esprit est prompt, mais la chair est faible. — Il retourna une seconde fois, et il fit la même prière : Mon Père, si je ne puis éviter de boire ce calice, que votre volonté se fasse. — Et étant revenu à eux, il les trouva encore endormis ; car ils avaient les yeux appesantis, et ils ne savaient que lui répondre. »

Dans quel abandon ne devait pas se trouver cette âme si forte, pour éprouver ce besoin de consolation que Jésus semblait chercher, dans ces allées et ces venues auprès de ses disciples ! L'esprit se perd quand on veut pénétrer la profondeur de ce mystère.

« Pour la dernière fois, il revint à ses disciples, et leur dit ces paroles : Dormez maintenant (si vous le voulez ou le pouvez), l'heure approche où le fils de l'homme sera livré entre les mains des pécheurs. (Puis reprenant) : Levez-vous, leur dit-il, voici celui qui me livrera qui s'approche.

» Comme il parlait encore, voici une troupe de gens et le traître Judas à leur tête. Ayant pris une cohorte de soldats romains, et des gens au service des grands-prêtres et des pharisiens, ils vinrent avec des lanternes et des flambeaux, des armes et des bâtons. — Or, le traître leur avait donné ce signal : Celui que je baiserai, c'est lui-même ; saisissez-le et l'emmenez avec précaution. À son arrivée, il s'avança vers Jésus : Maître, lui dit-il, je vous salue. Et il le baisa (c'était pousser l'effronterie et la scélératesse au dernier degré). Jésus lui dit : Mon ami, à quel dessein êtes-vous venu ? Quoi, Judas, vous livrez le fils de l'homme avec un baiser ? »

C'était moins un reproche qu'un dernier effort que Jésus faisait pour ramener le coupable à lui-même. Si, en ce moment, Judas fût tombé aux pieds de son maître, qui peut douter qu'il eût obtenu son pardon ?

« Jésus, bien qu'il sût parfaitement ce qui lui devait arriver, s'avança vers la troupe, et leur dit : Qui cherchez-vous ? — Jésus de Nazareth, répondirent-ils. — C'est moi, leur dit Jésus. — À cette parole, ils furent renversés et tombèrent par terre. Jésus leur demanda une seconde fois : Qui est-ce que vous cherchez ? —

Jésus de Nazareth, lui dirent-ils. — Jésus répondit : — Je vous ai
déjà dit que c'est moi. Puis donc que c'est moi que vous cherchez,
laissez aller ceux-ci, ajouta-t-il en montrant ses disciples qui
s'étaient rassemblés autour de lui. Alors les satellites de Judas
s'avancèrent, mirent la main sur Jésus, l'arrêtèrent et le liè-
rent.... Ce que voyant ses disciples, ils l'abandonnèrent et prirent
la fuite. »

Ceci se passa à l'entrée du jardin des Olives, à son
extrémité vers le midi. L'endroit où Jésus fut arrêté
et lié est aujourd'hui marqué par une petite ruelle
de six à sept pas de longueur et un de largeur, fermée des deux côtés d'un petit mur bâti en pierres
sèches. Un tel lieu mériterait un autre monument, si
la Terre-Sainte n'était pas sous la domination tyran-
nique des infidèles.

Qu'on ne s'étonne point de voir si précisément
indiqués, après plus de dix-huit cents ans, les lieux
consacrés par quelque événement mémorable de la
vie de Jésus-Christ. Les disciples du Sauveur, fortement frappés des impressions qu'ils avaient reçues,
remarquaient avec exactitude la place même où chaque scène s'était passée. Ils les visitaient souvent,
comme des enfants qui ont perdu un père par quelque accident signalent la place où le malheur est
arrivé, y font placer une croix ou quelque autre
monument. Ils la montrent à leurs enfants, ceux-ci
aux leurs, de génération en génération. Qu'on songe
d'ailleurs qui était Jésus-Christ : un Dieu-Homme,
le Rédempteur du genre humain. Que l'on considère
que les chrétiens des premiers siècles étaient des
chrétiens tout autres que nous sommes aujourd'hui.

Toutes leurs pensées, toutes leurs affections se con-
centraient en Jésus-Christ. Ils ne s'occupaient que de
lui ; c'était le sujet favori de leurs conversations. Les
saints lieux étaient assidûment fréquentés, et
toujours avec un nouvel intérêt. Il n'y en avait guère
de plus touchant que le jardin des Olives. Dans les
temps de persécution, la religion avait jeté de profondes racines dans les cœurs. Lorsque la paix fut
rendue à l'Eglise, sous l'empire du grand Constantin,
l'impératrice sa mère se rendit en Palestine, recher-
cha exactement tous les lieux consacrés par les
mystères du Sauveur, elle y fit édifier des monuments
dont plusieurs subsistent encore. Jamais la Terre-
Sainte ne fut si célèbre et si fréquentée. Des monastères furent établis partout ; la religion y fleurit pendant longtemps. L'invasion des peuples barbares
détruisit beaucoup de monuments ; mais leurs ruines
restèrent pour servir de témoins, et ces ruines
subsistent encore pour la plupart. Les croisades sur-
vinrent ensuite, et tous les anciens souvenirs furent
renouvelés. Des ordres religieux et militaires furent
créés, qui défendirent longtemps les saints lieux.
A ces ordres ont succédé les religieux qu'on nomme
les Pères de Terre-Sainte. Au milieu des vexations
qu'ils éprouvèrent et qu'ils éprouvent encore, ils
conservent soigneusement les traditions anciennes.
Ces traditions doivent donc faire foi. Elles sont
d'ailleurs appuyées sur les témoignages des écrivains
de différents siècles, que les savants peuvent consul-
ter. Quant à nous autres, ignorants, nous devons

nous en tenir à l'axiome établi par M. de Châteaubriand., *que le voyageur qui visite un pays doit le prendre avec ses traditions*, *et que c'est l'Evangile à la main que les chrétiens doivent parcourir la Terre-Sainte.* Le lecteur a dû éprouver jusqu'ici combien les nombreuses citations de l'Ecriture sainte que nous avons entremêlées dans cet ouvrage jettent de jour sur les monuments et les lieux que nous avons décrits.

Lorsque Alfred eut ainsi récapitulé les faits principaux de l'histoire de ce saint lieu, ils sortirent pour faire le tour extérieur des murailles et pour se faire une idée générale de l'étendue et de la situation relative de la ville. A cet effet, ils passèrent par la porte de Bethléem, ayant la source de Siloé, située au fond du vallon, à droite, et sur la gauche le mont Sion et la vallée de Josaphat. Le mont des Oliviers, qui s'élève à l'est de Jérusalem, était en face d'eux, et ils rentrèrent en ville par la porte Saint-Sébastien. Chaque nom qu'ils entendirent prononcer, chaque endroit qu'ils virent, excita en eux le plus doux des plaisirs, les souvenirs les plus religieux; la fatigue du passé, l'éloignement où ils étaient de leur patrie et de leur chère famille, s'effacèrent de leur mémoire et furent remplacés par leur satisfaction actuelle et la reconnaissance dont leur cœur était rempli.

D'après leurs observations, ils pensèrent que le circuit de la muraille ne devait pas être d'une étendue de plus de trois milles, et, comme la ville compte vingt mille habitants, on peut la considérer comme très importante sous le rapport de la population. Pendant leur promenade, ils virent des hommes occupés à labourer sur le mont Sion, fait qui venait à la confirmation de la prédiction du prophète (Voyez Mich., chap. III, v. 12.), à l'époque où, à n'en pas douter, la montagne du Seigneur avait une toute autre apparence ; de là ils eurent une vue étendue de la ville.

Quoique dépouillée de son ancienne splendeur, la ville donne encore une idée frappante de son antique importance. Elle est de forme triangulaire, bâtie sur une éminence rocailleuse, et ayant des montées raides de tous côtés, et, à l'extrémité sud, une grande plaine s'étendant au nord vers Samarie ; elle est environnée d'une muraillle qui, dans quelques endroits, est haute de cent cinquante pieds. Ainsi, vue d'une certaine distance, quoique privée de sa grandeur, elle est encore imposante ; mais du moment où l'on y pénètre, toute idée de beauté et de grandeur s'évanouit, et l'esprit n'est occupé que du souvenir de la mélédiction sous le poids de laquelle elle gémit. Des rues étroites, des bazars malpropres, de misérables ruines, et une apparence générale de misère et de désolation, se font remarquer de toutes parts. Le Saint-Sépulcre est au nord, le mont Sion au sud, et, à l'est, l'emplacement où jadis était situé le temple de Salomon.

Après un léger repas pris avec leurs amis les moines, ils se remirent de nouveau en course accompagnés de leur guide et de leur interprète, afin de

visiter les lieux plus particulièrement remarquables.
Sortant par la porte de Saint-Sébastien, on les conduisit à l'endroit où le saint souffrit le martyre ; ensuite on leur montra l'église du sépulcre de la sainte
Vierge Marie, située entre le mont des Oliviers et Jérusalem, fondée, ainsi que beaucoup d'autres, par
sainte Hélène. C'est une petite construction carrée
ayant une porte au sud, par laquelle on descend
dans l'intérieur par un escalier, ayant à droite une
petite chapelle où est le tombeau de sainte Anne,
mère de Marie ; une autre chapelle est à gauche, où
fut enterré saint Joseph, époux de la sainte Vierge.
Dix-huit lampes brûlaient dans ces deux chapelles ;
et quoique des doutes puissent s'élever sur l'authenticité du fait que ces personnages distingués y aient
été réellement ensevelis, cependant, puisqu'il est
certain que leur poussière a été mêlée à la terre de
leurs pays natal dans un si petit espace, l'esprit s'i-
dentifiait avec cette scène, et faisait naître une impression qui devait rester gravée dans la mémoire.

Passant ensuite le Cédron, ils allèrent au mont des
Oliviers ; ils remarquèrent sur leur route plusieurs
grottes creusées dans le roc. Plus haut ils virent une
caverne, ou église souterraine à voûtes arquées, où
les Apôtres composèrent l'acte de croyance qui porte
leur nom. Alfred vit avec chagrin et indignation que
cette église était encombrée de ruines ; mais il oublia bientôt cette circonsance lorsque, environ cinquante pas plus haut, on lui désigna la place où
Notre-Seigneur, debout, jeta la vue sur Jérusalcm

et prononça la mémorable prophétie accomplie depuis
d'une manière si redoutable.

Sur le sommet du mont des Oliviers, on leur
montra sur le rocher l'empreinte du pied gauche d'un
homme qui a dix pouces de longueur sur quatre de
largeur, que viennent dévotement adorer les pélerins, comme l'empreinte miraculeuse du pied de
Notre-Seigneur, lorsqu'il monta au ciel.

Pendant toute cette promenade, leurs cœurs furent
saisis de mille émotions; c'était le sol à jamais sanc-
tifié, foulé par Jésus-Christ : ici il donna le sceau
de notre foi et la promesse d'une vie nouvelle, ra-
chetée au prix de son propre sang, et qui nous est
assurée par sa résurrection et son ascension. Gloire à
Dieu ! prononcèrent leurs lèvres en parcourant des
yeux ces lieux saints, et, pendant un moment, le
père et le fils, pressés dans les bras l'un de l'autre,
élevèrent leurs prières de reconnaissance vers l'Etre
éternel.

Promenant leurs regards sur la vaste perspective
qui se présentait à eux du haut de la montagne, ils
crurent reconnaître des ressemblances avec les montagnes de l'Ecosse dans les nombreux monts qui parurent à leurs yeux, comme si les vagues furieuses
de l'Océan avaient tout-à-coup été calmées; au loin
ils découvrirent les hauteurs qui bordent la mer
Morte, tableau de désolation, d'obscurité et de mort.

En descendant la colline, ils purent admirer le
beau plateau où fut autrefois construit le temple,
lieu tenu en grande vénération par les Turcs, qui

longtemps hésitèrent à y ériger leur principale mosquée. Ils y en ont une très belle, qui s'élève sur un
emplacement qui fait face au mont jadis considéré
comme le site où fut le temple, ce qui a induit beaucoup de voyageurs en erreur, et que nos amis reconnurent être en état de réparation. Ils virent beaucoup
d'oliviers très antiques, et aprirent de leur guide
qu'il se trouvait à Athènes des bouquets d'oliviers
beaucoup plus vieux que les plus anciens monuments
de cette ville : dans ce cas, ces arbres auraient sur-
vécu à la destruction de Jérusalem, et auraient existé
du temps même de Jésus-Christ.

Leurs réflexions furent interrompues par leur arrivée au jardin de Gethsémani, situé au pied du
mont des Oliviers, près du Cédron. C'est une étendue
de terrain environnée d'une muraille basse et ruinée,
haute de cinq pieds ; elle peut avoir environ un acre.
Ils y virent sept oliviers que l'on dit encore être du
temps où vécut Notre Seigneur ; et les chrétiens leur
portent tant de vénération que celui qui en arrache-
rait des feuilles ou leur porterait préjudice risquerait
d'être excommunié. Des noyaux des olives on fait des
chapelets ; on en donna un à Alfred, comme l'un des
objets les plus sacrés qu'on pût donner à un voyageur.

C'est dans ce jardin que Notre-Seigneur se retira
pour prier et souffrir cette longue et terrible agonie
qui lui fit un instant désirer d'éviter le cruel sacrifice
qui devait terminer sa mission terrestre, dont la
conclusion s'approchait. (Voyez Matthieu, XXIV;
Marc, XIV; Jean, XVIII.) A la partie supérieure

est l'endroit où les Apôtres, ignorant les souffrances de leur maître chéri et fatigués de leurs veilles, s'endormirent ; au milieu est la place où Judas s'approcha de lui et le trahit par un baiser. Ils y remarquèrent beaucoup de grottes, et M. Belwel fut frappé de la pensée que ce devait avoir été des tombeaux, puisque anciennement on avait la coutume d'ensevelir les morts dans les jardins. Notre-Seigneur lui-même fut enterré ainsi. Presque tous les lieux désignés comme remarquables à la Terre-Sainte, et le voisinage entier, sont des grottes ou des jardins ; les Juifs actuels ornent leurs cimetières comme des jardins, ce qui prouve l'ancienneté de cet usage et donne de la force à la croyance que ces lieux sont révérés par tradition authentique.

VIII

Suite de la description de Jérusalem. — Vallée de Josaphat. — Fosse de Néhémiah. — Isaïe scié en deux. — Etang de Siloam. — Tombeaux. — Soupçons des indigènes. — Forts. — Palais de Pilate. — Route au mont Calvaire, appelée le Chemin douloureux. — Eglises. — Pierres curieuses. — Etang de Bethsaïdée.

La pluie qui tomba pendant plusieurs jours les obligea de rester dans le couvent; mais aussitôt que le temps le permit, ils reprirent leurs aventureuses investigations.

La première les conduisit à la vallée de Josaphat, qui est à l'est du jardin de Gethsémani. La première chose qu'on leur fit voir fut le puits de Néhémie, où le vengeur d'Israël découvrit le feu sacré qui avait été caché pendant la captivité à Babylone. Peu après on leur montra l'endroit où l'on dit que fut scié entre deux planches le prophète Isaïe. L'histoire ne disant rien de ce fait, Alfred demanda avec ardeur quelles étaient les particularités transmises par la tradition.

— On rapporte, dit un moine qui les accompagnait, que Manassès, ce méchant roi, ordonna d'adorer une idole de sa composition. Le prophète s'efforça de le dissuader de cette action criminelle ; mais le monarque cruel punit son zèle en le faisant lier entre deux planches et scier en deux. Cette circonstance historique est citée par saint Paul comme l'une des cruautés auxquelles furent condamnés les premiers saints et les martyrs.

Un peu plus loin, au-dessus et en face de la source de Siloé, est la montagne de l'Offense, ainsi nommée parce que Salomon s'y rendit coupable d'actes d'idolâtrie auxquels il fut porté par ses femmes étrangères. Au pied de ce mont est le *Champ du sang*, où Judas le traître se pendit. On les conduisit un peu au-delà vers deux massifs d'antiquité, dont l'un est appelé le Tombeau de Zacharie et d'Absalon. Il est taillé dans le roc, à environ dix-huit pieds de hauteur, et orné de demi-colonnes d'ordre dorique taillées

d'une seule pierre, et supportant une corniche surmontée d'un dôme pyramidal. Mais Absalon n'ayant
point été enseveli dans cette vallée, on suppose que
ce monument a été élevé de son vivant, et telle était
l'antipathie des Juifs pour la mémoire de ce fils ré-
volté contre son père, qu'on dit qu'ils jetaient des
pierres contre l'édifice en passant devant, comme
une marque de leur réprobation de cette rébellion si
peu naturelle et si criminelle. Le tombeau de Josa-
saphat est tout à côté, et donne son nom à la vallée.
Nos voyageurs virent avec peine que l'une des entrées
de ces tombeaux était cachée par des monceaux de
terre, et ils résolurent de la faire déblayer. Mais on
les prévint qu'il serait dangereux pour eux de l'entreprendre, car les Mahométans, ne pouvant souffrir
qu'on fît de pareils travaux, croyaient toujours que
les étrangers étaient à la recherche de trésors cachés.
Par le même motif, ils ne permettent à aucun Européen de pénétrer dans leurs mosquées, et ce ne fut
qu'avec la plus grande difficulté que sir Sidney-Smith,
pour lequel ils ont cependant beaucoup d'estime,
obtint la faveur d'entrer un instant dans l'une d'elles.
Le Franciscain leur dit que leur compatriote,
M. Rae Vilson, ayant mis son habillement anglais pour
faire cette promenade, en revenant en ville, près du
lieu où fut lapidé saint Sébastien, il fut lui-même
assailli à coups de pierres par les habitants : telle
était leur aversion pour le costume par lequel il semblait proclamer sa foi, qu'il ne dut son salut qu'à
une prompte fuite. Quoiqu'il soit facile de reconnaître

Terre Sainte.   5

les chrétiens, les Turcs ne les insultent que rarement, quand ils sont revêtus du costume musulman; mais aussitôt que les Européens cessent de se soumettre à cette formalité, ils perdent la protection que leur assurait l'habit, et s'exposent à l'effet de la haine aveugle que ce peuple ignorant porte aux chrétiens.

Il y a dans cette vallée un lieu de sépulture qui appartient encore aux Hébreux de Jérusalem et à tous ceux du peuple israélite qui désirent, selon l'ancien usage, que leurs restes reposent avec ceux de leurs pères; désir qui est peut-être inhérent à tous les peuples, mais de moindre importance pour ceux dont les espérances d'immortalité sont les plus fortes. Alfred, en jetant ses regards autour de lui, dit qu'il était surpris que les Juifs, et même beaucoup de chrétiens, pensassent que le dernier jugement dût avoir lieu dans la vallée de Josaphat, puisqu'elle était si petite.

—L'idée en a été propagée, dit son père, par le prophète Joël, qui a dit : « Toutes les nations y seront réunies; » mais il n'est point certain qu'il ait parlé dans ce sens, car nul homme n'est prévenu de l'heure ni du jour où cela arrivera, et les anges du ciel eux-mêmes l'ignorent : ainsi rien ne peut fixer le lieu où se passera ce jugement. L'opinion qui désigne la vallée de Josaphat comme l'endroit où doivent se tenir les grandes assises du genre humain est une opinion populaire qui n'a aucun fondement.

Pendant quelques jours ils parcoururent la ville et

remarquèrent, avec le docteur Clarke et d'autres voyageurs, que les coutumes du peuple étaient telles qu'elles sont décrites dans l'Ecriture, et que tout prouvait la vérité de l'Ancien Testament jusque dans les moindres détails.

Les chrétiens habitent un quartier particulier nommé Harrat-el-Nasura, harrat voulant dire rue. Les maisons sont basses, à terrasses, à peu de fenêtres sur le devant, la vue donnant en général sur une cour quadrangulaire. Ces bâtisses sont généralement ornées d'un cloître à galeries en pourtour., souvent masquées de grillages. Ces cours ont des fontaines au centre; des arbres fruitiers croissent autour, et projettent un parfum délicieux qui dédommage ne l'insalubrité des rues. Les portes des maisons sont si basses qu'on n'y saurait pénétrer qu'en se courbant; ce qui est dû à la prudence des chrétiens qui redoutent d'y admettre les Turcs, qui n'hésiteraient point à les dévaliser; mais cet usage est ancien, comme nous le voyons par les précautions que prenait Salomon, qui disait : « Celui qui construit une grande porte s'expose à être pillé. »

Les rues de Jérusalem sont presque toutes montantes, sales et étroites; pendant les beaux jours on est étouffé par la poussière, et dans les jours de pluie les rues sont des mares d'eau. La plupart des maisons sont bâties en briques non cuites, que la pluie réduit souvent en boue.

M. Belwel et son fils allèrent visiter l'emplacement où était autrefois le palais de Ponce Pilate, occupé aujourd'hui par le gouverneur, près de la grande mosquée déjà citée. Il ne reste plus que deux degrés de l'escalier de l'ancien édifice ; ils commencent à la *Porte de Douleur*. L'escalier appelé *Scala sancta* à Rome, qu'il n'est permis de monter que sur les genoux, a, dit-on, été pris de ce palais, et est considéré comme sacré, parce que le Sauveur l'a parcouru en se rendant à la salle du jugement ; il était parmi les choses précieuses transportées par sainte Hélène à Rome.

De là ils parcoururent la rue par laquelle passa le Rédempteur en se rendant au Calvaire, et passèrent sous une arche ruinée du haut de laquelle Pilate présenta le Fils de Dieu à la multitude, en disant : *Ecce Homo*. A deux cents pas plus loin, sur le chemin qui conduit au Calvaire, on voit un édifice qui ressemble à une église en ruine, où l'on assure que le Christ fut fustigé : ce n'est plus qu'un amas de pierres. Le pilier auquel fut attaché le Sauveur a été transporté à Rome avec d'autres reliques sacrées. On dit que ce monument fut élevé en commémoration de l'évanouissement de la sainte Vierge, lorsqu'elle vit son fils chargé du fardeau de la croix. Non loin de là est l'endroit où la procession rencontra Simon le Cyrénéen, qui fut sommé d'assister le Christ à porter sa croix. Ils atteignirent une forte arche voûtée à laquelle était jadis adaptée une porte, nommée la Porte du Jugement, par laquelle passaient les malfaiteurs pour se rendre au supplice. Autrefois elle était dans la partie ouest de la villle, et se trouve

maintenant presque au centre. Depuis l'arche il faut
toujours monter ; la rue est plus étroite en arrivant
au Calvaire. Ici cesse la Voie de Douleur. Quoique
nos voyageurs eussent à remettre des lettres de
présentation au supérieur du couvent du Saint-
Sépulcre, ils ne purent ce jour-là, malgré tous leurs
désirs, être admis à visiter ce lieu où souffrit le Seigneur ; alors ils se rendirent au couvent des Armé-
niens, fondé par saint Jacques, frère de saint Jean ,
décapité sous Hérode à Macheronte, sur les bords du
lac Asphalite.

L'intérieur du sanctuaire en est magnifique , l'autel ainsi que le pupitre richement décorés avec des
perles-mères incrustées , et, ce qui est bien plus remarquable dans ce pays , tout y était propre, les
prêtres particulièrement polis et prévenants. Dans
une des chapelles de ce couvent on conserve , dans
des cases fermées, trois grandes pierres, dont l'une,
assure-t-on , est la même sur laquelle Moïse rompit
les deux tables de la loi; la seconde fut apportée du
lieu où fut baptisé Jésus dans le Jourdain , et la troisième vient de la montagne de la Transfiguration.

En quittant ce couvent ils se rendirent au mont
Sion, et visitèrent un autre couvent bâti, dit-on, sur
la place où fut la maison de Caïphe; la cellule où
Jésus , avant d'être conduit à Pilate, fut emprisonné,
y est adhérente. Sous l'autel on montre une pierre
qu'on présume être celle avec avec laquelle Joseph
d'Arimathie ferma la tombe de Jésus : elle est de
couleur rouge, a sept pieds de long sur trois de

large. Dans la cour extérieure il y a plusieurs pierres
de tombeaux, et dans le milieu un oranger sous
lequel, assure-t-on, se trouvait saint Pierre quand
il renia son maître ; on assure encore que la sainte
Vierge y mourut.

— Mais, dit Alfred avec un air de doute, si Jérusalem a été entièrement détruite, il serait difficile
de se rappeler exactement les lieux.

— Il y a probablement quelques erreurs, mon fils ;
mais elles ne peuvent être matérielles, car il est certain que Jérusalem n'a pu être entièrement détruite,
ainsi que Josèphe voudrait nous le persuader, puisqu'il nous dit que Titus, qui rasa la ville au niveau
de la terre, y laissa une garnison : ce qui démontre
qu'il devait rester un abri pour ses troupes et quelque
population sous son autorité. Il se trouvait sans doute,
des chrétiens parmi eux ; d'autres, auxquels la mémoire du Sauveur devait être précieuse, durent, avec
le temps, revenir dans ces ruines et transmettre
l'authenticité des révélations à la postérité. En revenant dans la rue principale, nommée Harrat-el-
Allon, on leur montra une vaste arène comme étant
la fontaine de Bethsaïde; mais il n'y avait pas d'eau.
Plusieurs arches, encombrées de ruines, prouvaient
que cette fontaine avait dû être un réservoir considérable.

‹‹

IX

Bethléem. — Maison de Siméon. — Lieu de la naissance de notre Sauveur. — Le couvent. — La crèche. — Etangs de Salomon. — Perspective du Couvent. — La princesse de Galles. — Siméon. — Saint
Jean-Baptiste. — Le gouverneur. — Antiquité des présents des
étrangers.

Les fêtes de Pâques ne devant pas avoir lieu de
sitôt, et le temps étant favorable, M. Belwel résolut
de faire des excursions dans les environs de Jérusalem ; en conséquence, après s'être muni de ce qui
était nécessaire, il partit un matin pour Bethléem.

Ce lieu, si cher aux chrétiens par la naissance du
Sauveur, était autrefois une cité célèbre appelée
Ephrata ; mais déjà du temps de Ruth elle était
connue par le nom qu'elle porte actuellement, et qui
signifie *la Maison du Pain,* car elle est située dans
un canton beau et fertile. Bethléem est à six milles
de Jérusalem. En s'y rendant, nos voyageurs visitèrent le puits où, dit-on, l'étoile apparut aux
Mages, et les guida vers l'Enfant divin auquel ils
portaient de l'encens et des présents. On leur montra plus loin le tombeau de Rachel, inhumée sur le
chemin même, et en effet ce lieu se trouve sur la
route. Plus loin est Ramlah, caché dans les oliviers,

distingué de l'autre Ramlah parce que Hérode y fit d'abord exécuter son édit sanguinaire contre les innocents enfants de l'âge du Sauveur.

— Ah! s'écria Alfred en passant sous la porte de Bethléem, qui n'est plus qu'un simple village, est-ce ici le lieu où le Seigneur si puissant daigna naître d'une femme dans une condition pauvre et obscure? Est-ce ici que la voix des anges le proclama, que la langue des hommes le révéla? Que sont les pyramides, les palais, les arcs de triomphe, les magnifiques dômes, comparés à la gloire actuelle de ce lieu humble et en ruines?

— Cela est vrai, mon enfant; ainsi que le vôtre, mon cœur s'écrie dans le langage du prophète : « Et toi, Bethléem, tu seras la principale parmi les cités de Juda. »

Leur conversation fut interrompue par le guide qui leur désigna d'anciens puits d'eau délicieuse, et qui leur rappelèrent aussitôt le temps où David était si désireux de se désaltérer à ces sources qui coulent encore tranquillement, sans être troublées par les malédictions qui ont tout changé sur la surface de ce sol autrefois si favorisé.

Ils dirigèrent leurs pas vers le couvent des Franciscains, contigu à l'église de Sainte-Marie, qui fut élevée par Constantin et sainte Hélène sur l'emplacement de la nativité, et forme avec le monastère une masse de constructions en forme de croix ressemblant à une forteresse, et dans laquelle on pénètre par une entrée très basse. Les lettres de Rome et de Constantinople qu'ils y présentèrent leur méritèrent un accueil hospitalier, et les frères les reçurent avec beaucoup d'égards et de courtoisie. Après les avoir fait rafraîchir, les moines les conduisirent aux lieux sacrés qui fixaient leur attention et leurs sentiments religieux.

L'église leur parut d'un style majestueux ; ils ne doutèrent pas qu'autrefois elle avait dû être sans égale en splendeur, puisqu'elle avait constamment excité le zèle des chrétiens riches qui n'avaient cessé de l'embellir. La voûte est construite en cèdres du Liban, soutenue par cinquante colonnes de marbre, et la muraille était également incrustée de marbre ; mais elle en a été dépouillée pour orner le palais du pacha du Grand-Caire. Le chœur est spacieux, recouvert d'une coupole enrichie de figures en mosaïque, don fait par Baudouin Ier, qui y fut couronné roi de Jérusalem.

En parcourant les lieux particulièrement désignés à la curiosité dans cette église, ils eurent au moins l'avantage de ne garder aucun doute sur leur authenticité, puisque Bethléem n'avait pas subi les mêmes changements que Jérusalem. On les conduisit à un escalier qui descend dans la chapelle de la Nativité, qui est sous terre ; ce qui vient à l'appui des observations du docteur Clarke, qui dit que tout ce qu'il y a de remarquable est dans des grottes et des excavations ; mais cela ne leur ôte pas leur identité ; car, en Orient, ces lieux sont en général appropriés à tous les objets d'utilité pour lesquels, en Europe, on fait usage d'édifices. Devant l'autel, élevé sur l'emplacement même où naquit Notre-Seigneur, il y a plusieurs lampes en argent massif qui brûlent constamment, dons de princes catholiques ; l'endroit sacré est marqué d'une étoile en marbre blanc, incrustée de jaspe et entourée d'une auréole de gloire, portant circulairement l'inscription suivante :

« *Hic de Virgine Jesus Christus natus est:*
« Ici Jésus-Christ naquit de la Vierge. »

A droite était placée la crèche où l'on mit l'enfant Jésus : elle paraît avoir été taillée du roc vif, rayé de marbre. Selon la coutume de tous les pélerins, ils s'agenouillèrent et la baisèrent. En sortant de cette chapelle, ils visitèrent celle dédiée aux Innocents ; en s'y rendant, on leur montra la cellule où saint Jérôme fit une traduction de la Bible. De là ils allèrent à une grotte à peu de distance du couvent, où la mère de Dieu prépara sa fuite en Egypte, et qui était très disposée pour servir à le cacher.

Ils quittèrent alors le couvent et allèrent aux célèbres bassins de Salomon, situés dans une partie sauvage au milieu des montagnes, à quatre milles au sud de Bethléem. Après une route agréable quoique un peu fatigante, ils y arrivèrent. Ils sont au nombre de trois, de forme quadrangulaire, taillés dans le roc sur le côté d'une montagne. Ils sont élevés l'un au-dessus de l'autre par degrés, et disposés de manière que l'eau du bassin supérieur coule dans le second, et de celui-ci dans le troisième. Chacun de ces bassins peut être de cent pieds de largeur ; ils sont en bon état, et peuvent contenir une grande masse d'eau.

Près de ces bassins sont les ruines d'un petit édifice que les guides assurèrent avoir été une résidence de Salomon ; ce qui est probable, car il aura voulu habiter quelquefois auprès d'un ouvrage si sagement conçu, d'autant plus que, à environ un mille au-dessous des bassins, il y a une vallée profonde qu'on dit avoir été ses jardins. Les avantages locaux, et le bienfait des réservoirs d'eau pour nourrir les plantes qu'il désirait élever dans ce climat si chaud, ne nous laissent aucun doute que ce lieu, maintenant désert, n'ait été autrefois riche de toutes les beautés du règne végétal, du luxe et des talents d'un grand prince.

En revenant au couvent de Bethléem, ils montèrent sur la terrasse qui y est construite, et de là jouirent d'une vue admirable, particulièrement de la vallée où l'Ange annonça aux bergers la naissance du Sauveur. Ils prirent leur repas dans l'appartement où la princesse de Galles avait aussi pris les siens lorsqu'elle vint à Bethléem. Pendant qu'ils y furent, beaucoup d'habitants entrèrent dans cet appartement, en offrant de leur vendre des grains pour chapelets, des croix, des coquillages et des étoiles, dont la vente est la source du bien-être de beaucoup de familles. Leurs prix étaient très élevés ; cependant on présume bien qu'Alfred ne manqua pas de faire des acquisitions pour ses sœurs.

Dans la soirée, ils assistèrent à l'office divin, et

entendirent une musique ravissante. Ils apprirent
que chaque année, en commémoration de l'entrée
du Sauveur dans Jérusalem, les chrétiens de cette
cité et ceux de Bethléem se réunissaient pour célébrer
son triomphe.

Le lendemain ils furent témoins d'un enterrement;
une foule de femmes jetaient les hauts cris; beaucoup d'elles étaient louées, selon l'ancien usage
dont parle fréquemment l'Ecriture sainte. Alfred demanda à son père l'itinéraire de la journée, et appris qu'ils allaient traverser le désert pour arriver
au couvent de Saint-Jean-Baptiste.

Ils passèrent de nouveau devant les tombeaux de
Rachel et de Ruth, où habitait parfois Samuël, où
le camp des Assyriens fut détruit, et dont on parle
dans le livre des Rois.

Alfred demanda à son père comment cette marque de la vengeance divine s'était opérée.

— Je ne doute pas, répondit-il, que ce n'ait été
par le vent pestilentiel que les Persans nomment
vent de Sam; les Turcs, Simoon ou Samiel; et le prophète Jérémie, le vent sec ou le vent des hauteurs.
Il parcourt la Perse et les déserts de l'Arabie en
juin, juillet et août; la Nubie, au printemps et en
automne; et ici, vers la même époque. Il dure tout
au plus sept ou huit minutes; mais il est si pestilentiel dans ses effets qu'on en est suffoqué aussitôt
qu'on l'a aspiré. En 1658, vingt mille personnes en
périrent dans une nuit, et, en 1665, quatre mille
en furent les victimes, selon ce que nous en dit
Thevenot.

— Voilà, mon cher père, certainement un des terribles fléaux de ce pays favorisé. Je suppose qu'on peut le prévoir et qu'on peut l'éviter de jour?

— Oui, mon ami; il n'agit qu'en ligne droite, sur une largeur d'environ cinquante pieds, et douze au-dessus de la surface de la terre. Quand les voyageurs le reconnaissent dans le désert, ils se jettent la face contre terre, et les chameaux, par instinct, en font autant. Son approche est annoncée par la rougeur du temps et par un brouillard couleur du pourpre de l'arc-en-ciel, mais si épais que si les voyageurs échappent à son action immédiate, ils ne manquent cependant pas d'en souffrir, car il dessèche leurs outres d'eau, et, par suite, cela les expose à périr de soif dans le désert; c'est une mort affreuse (1). Les effets de ce vent sur le corps de ceux qui en meurent sont d'une nature particulière : les personnes qui en sont atteintes paraissent d'abord endormies; mais si on leur prend le bras ou la jambe, le membre se détache du corps qui devient noir. Son action est si terrible, même sur les plantes, que le blé en fut entièrement détruit un été dans la province de Durischatan, en Perse, et nul animal, sans périr, ne put en toucher ni la paille ni le grain.

Leur conversation fut interrompue par le guide qui leur montra une grotte dans laquelle il dit qu'Elisabeth rencontra et reçut la mère du Sauveur. Ils

_____

(1) Voyez Belzoni sur les effets de la soif dans le désert.

confièrent leurs mules aux soins d'un Arabe, et continuèrent à pied, comme plus facile, à monter au sommet de la montagne escarpée où saint Jean-Baptiste séjourna dans le désert. La caverne a environ vingt-quatre pieds de haut sur douze de carré ; en face coule une source délicieuse qui forme un petit bassin. Les alentours en sont sauvages ; aucun arbre n'y croît. Au sud, leur guide leur montra, à une grande distance, le puits où saint Philippe baptisa l'eunuque de la reine Candace.

Après une journée fatigante, ils revinrent à Jérusalem avec plaisir, et furent si satisfaits de leur excursion qu'ils résolurent de ne plus perdre de temps pour se rendre à la mer Morte; à cet effet, M. Belwel devait demander une escorte militaire au gouverneur.

Il leur parut choquant que ce personnage habitât la maison de Ponce Pilate, quoiqu'ils l'eussent appris longtemps avant ; et quand ils se mirent en route, avec toute l'importance qu'ils purent y mettre, ils s'attendirent à voir quelque chose d'extraordinaire. Ils trouvèrent le gouverneur, comme celui d'Alexandrie, dans un état bien différent de celui dont jouissait autrefois le puissant gouverneur romain dans le même lieu ; car il était dans une misérable chambre d'un bâtiment délabré, mais entouré d'un grand nombre d'officiers et de soldats. Il était accroupi sur ses jambes croisées, palpant une espèce de chapelet dans ses doigts ; peu après il parut remarquer les étrangers avec intérêt, leur parla avec beaucoup de civilité, accepta une montre de l'un d'eux, et leur promit l'escorte et les lettres nécessaires pour leur voyage. Il pouvait avoir quarante ans ; son air était grave et en harmonie avec sa position. En le quittant, les gardes leur firent entendre qu'ils attendaient aussi un cadeau, et M. Belwel fit observer à son fils que rien ne justifiait mieux l'ancienne coutume de faire des présents en Orient que ce qui avait lieu en ce moment. On faisait des présents aux anciens prophètes ; David, le roi de Moab, Salomon et notre Sauveur, ainsi que beaucoup d'exemples tirés de l'Écriture sainte, prouvent l'antiquité de cet usage. Des pistolets, des télescopes et la coutellerie d'Angleterre sont des cadeaux très estimés dans l'Orient : les voyageurs feront bien d'en avoir une bonne provision, puisqu'ils peuvent leur être si utiles.

X

Béthanie. — Tombeau de Lazare. — Les Arabes. — Le Désert. — Plaine de Jéricho. — Ville de Jéricho. — Le Gouverneur. — Le Jourdain. — Pays effrayant près de la mer Morte. — La mer Morte. — Réflexions solennelles. — Retour à Jérusalem, etc.

Ils quittèrent Jérusalem par la porte Saint-Sébastien, gravirent le mont des Oliviers, passèrent de l'autre côté par le village de Béthanie, où Jésus apparut à ses disciples après sa résurrection ; tout près de là on leur montra les ruines d'un monument qu'avait, disait-on, habité saint Marc. Mais ce qui les intéressa le plus, ce fut le tombeau de Lazare.

La vue de ce lieu fut d'autant plus agréable qu'il s'accorde parfaitement avec la description que l'Evangéliste fait de la scène. Pour ne laisser aucun doute dans leur esprit que ce fut réellement là que s'opéra un grand miracle, ils descendirent d'abord cinquante ou soixante marches sous terre, et arrivèrent à une place quadrangulaire où il paraît avoir existé une communication avec une église qui est rebâtie et changée en mosquée. Dans le mur ils reconnurent une ouverture d'environ trois pieds de largeur ; on dirait que la nature, pour la pratiquer, éprouva une violente convulsion ; ils y pénétrèrent et entrèrent sous une voûte arquée où, dit-on, fut déposé le corps ; cette arche a quatorze pieds de longueur, dix de largeur et huit de hauteur. C'est là où le Seigneur dit : « Lazare, sortez de votre tombe ! » Et l'ami du Sauveur obéit sur-le-champ, du fond de sa tombe, à l'appel de son maître chéri.

Beaucoup d'Arabes les environnaient ; par leurs brusqueries et leurs regards féroces ils troublèrent la douce solennité des sentiments religieux de nos voyageurs ; à plusieurs autres endroits ils furent encore ennuyés par ces Arabes, quoique la présence de leur escorte les garantît de toute insulte. Dans le cours de cette excursion, ils virent beaucoup de

cavernes ou de grottes qui pouvaient servir de refuge
aux bandes vagabondes et non soumises des Arabes
qui parcourent cette partie de la Palestine; dans
beaucoup de parties ils virent une grandeur sauvage
et pittoresque qui s'accordait parfaitement avec l'idée
qu'on se fait de ces bandits. Ces scènes rappelèrent à
Alfred la description qu'en fit Notre-Seigneur, comme
un lieu où un individu, allant à Jéricho, rencontra
une bande de voleurs; ce qui prouve que cette route
était déjà anciennement renommée pour cela.

Enfin ils arrivèrent dans un désert environné de
hautes montagnes, sur l'une desquelles le Sauveur
voulut bien être tenté par le malin esprit. On y voit
de tous côtés des cavernes et des cellules où s'étaient
autrefois retirés de pieux solitaires pour y passer
leur temps en jeûne et en prières. On ne saurait se
figurer un lieu plus solitaire et répondant mieux à
l'idée d'abstinence et d'austérité.

Un peu au-delà de ce désert, la grande plaine de
Jéricho et tout le pays avoisinant apparurent tout-à-
coup à leur vue comme un pays plein de vie et de
beauté : là le blé, la vigne, les olives, le lait et le
miel se trouvaient en abondance sur une étendue considérable. La plaine est semi-circulaire; elle est
bornée à l'est, où coule le Jourdain, par les monts
du haut desquels les enfants d'Israël eurent la première vue de la terre promise, et où Moïse, leur
chef principal, trouva son tombeau.

A l'ouest, il y a une autre chaîne de montagnes au
pied desquelles s'élève Jéricho. Au sud, la plaine

est immense ; à l'est est le lac, enveloppé dans un silence sombre et imposant.

Au déclin du jour, ils entrèrent dans Jéricho, en méditant sur les passages de l'Ecriture qui ont rapport à cette cité célèbre.

— Ici, dit M. Belwel, fut la première ville prise aux Chananéens par Josué, qui la rasa au niveau de la terre, et maudit en ces termes celui qui la rebâtirait : « Maudit soit devant le Seigneur l'homme qui relèvera et rebâtira Jéricho ; que son premier-né meure lorsqu'il en jettera les fondements, et qu'il perde le dernier de ses enfants lorsqu'il en mettra les portes. » Cette malédiction s'accomplit sur Hiel, le Bethlémite, qui la réédifia.

— Une chose remarquable, répondit Alfred, c'est que la vallée de Jéricho était autrefois arrosée par un ruisseau salé et amer qui, dans la suite, fut adouci par le prophète Elisée ; en sorte que ses eaux rendirent la plaine de Jéricho non-seulement un des plus agréables, mais même un des plus fertiles pays.

Ils se rendirent d'abord chez le gouverneur de la ville, et furent étonnés de la misère et de l'apparence de dégradation du lieu où on les conduisit. Ils trouvèrent un vieillard tremblant, âgé de quatre-vingts ans, accroupi dans une chambre sale où l'on suffoquait, environné des attributs d'une pompe misérable, à la fois ridicule et pitoyable ; à son âge, il montrait le hideux de l'orgueil et de la pauvreté, affectant la gloire passée au milieu des misères actuelles de Jéricho.

Il ordonna qu'on leur préparât un logement chez lui, et leur fit servir du mauvais café; ils s'aperçurent que leur nuit ne serait pas des meilleures; mais tout ce qu'ils avaient pu imaginer ne pouvait approcher de la réalité. On les conduisit, avec leur suite et même les chevaux, dans un trou immense où ils furent obligés d'allumer un feu considérable; bientôt ils furent assaillis par une foule d'Arabes dont l'apparence n'inspirait guère de confiance, et ils ne purent s'empêcher de les considérer comme les descendants des anciens brigands.

La figure de ces Arabes était presque noire, avec de longues barbes, et des yeux brillants comme des étincelles de feu. Ils ne portaient pour tout vêtement qu'une chemise en lambeaux, avec une ceinture autour du corps, des pantoufles aux pieds et un méchant manteau de laine sur les épaules. Les femmes étaient voilées; les bras et les jambes de plusieurs d'elles étaient ornés de grands anneaux en verre. Tous mangèrent dans le même plat, chacun se servant de ses doigts comme de fourchette, n'ayant ni couteaux ni cuillers.

Quelque désagréables que fussent de tels voisins, nos amis désiraient se les rendre favorables autant que possible, et M. Belwel parut y avoir réussi en leur donnant du sucre et du café, deux objets de luxe pour les Arabes, dont les regards sauvages et féroces s'adoucirent. Fort heureux, quand on doit passer la nuit près d'eux, de trouver le moyen d'assurer sa tranquillité et la paix à ce prix.

La pluie tomba par torrents pendant la nuit ; néanmoins, au lever de l'aurore, ils se remirent en route. Les nuages obscurs et rapprochés de terre s'accordaient bien avec la scène qui les entourait. En arrivant au Jourdain, la pluie recommença, ce qui les empêcha d'aller jusqu'à l'endroit où Jésus fut baptisé.

Cette rivière prend sa source, dit M. Belwel, dans le lac Phiala, au pied de l'Anti-Liban, d'où, passant sous terre, et reparaissant près de la caverne de Panéas, elle coule au sud par le milieu du pays, traversant la mer de Galilée, et se perd dans la mer Morte.

— Après tout, mon cher père, ce n'est qu'un pauvre ruisseau qui ne mérite pas l'honneur de porter le nom de rivière ; il coule sans doute avec rapidité, et je me rappelle que le docteur Shan mentionne l'étonnante masse d'eau qu'il jette dans la mer Morte. D'après ce que j'en peux juger, M. de Châteaubriand a raison de lui donner cinquante pieds de largeur sur six ou sept de profondeur. Croyez-vous, mon père, qu'il sorte de son lit?

— On dit que cela arrive régulièrement en mars ; mais j'en doute, car Maundrell, qui a voyagé ici il y a environ un siècle, et qui est véridique dans ses récits, nie le fait. Je ne doute pas que, par suite de pluies soudaines et par la fonte des neiges, il ne grossisse d'une manière extraordinaire ; mais je ne crois pas que cette crue soit périodique.

La mémoire des différents prodiges opérés dans le Jourdain a rendu ce lieu extrêmement vénérable aux

chrétiens. Pour en remarquer la place et en perpétuer le souvenir, ils y avaient bâti, dans les premiers
siècles de l'Eglise, un monastère dont on voit encore
les ruines sur une petite éminence, à la distance
d'environ trois cents pas des bords du Jourdain.

C'est une coutume établie de toute ancienneté que
les pélerins de Terre-Sainte aillent visiter cet endroit
du Jourdain, et qu'ils se lavent dans l'eau du fleuve
par dévotion, et dans la croyance qu'elle a, en quelque sorte, contracté une vertu régénérative par le
baptême de Jésus-Christ. C'est ordinairement aux
fêtes de Pâques, temps où il y a le plus d'affluence à
Jérusalem, que cette coutume a lieu.

Les pélerins tous ensemble, et en une seule troupe,
font le voyage du Jourdain sous l'escorte d'un corps
de cavalerie turque, à la tête duquel est le pacha ou
gouverneur de Jérusalem. Ce voyage dure deux
jours, l'un pour aller et l'autre pour revenir. La caravane se dirige sur Jéricho; le premier jour elle
couche sous des tentes tendues dans la plaine, aux
environs de cette ancienne ville, qui n'est plus aujourd'hui qu'un village. Le lendemain, à la pointe du
jour, on décampe au son des trompettes et l'on se
rend au Jourdain, éloigné de là d'environ deux lieues.

M. Doubdan, chanoine de la collégiale de Saint-
Denis, près Paris, qui se trouvait à Jérusalem aux
fêtes de Pâques de l'année 1652, rapporte que le
nombre des pélerins avec lesquels il se rendit au
Jourdain s'élevait à plus de quatre mille, de tous
pays et de toutes nations.

« C'était, dit-il, un singulier et agréable spectacle de voir tous ces gens, hommes, femmes et enfants, à leur arrivée au bord du Jourdain, se jeter à corps perdu dans le fleuve, s'y laver avec dévotion le corps, ou tout au moins les pieds, le visage et les mains. Les Turcs eux-mêmes ont ce lieu en grande vénération, et font partie de la caravane. Eux et les pélerins chrétiens ne manquent pas d'emporter, à leur retour, des bâtons qu'ils coupent dans un bois qui est à portée de cet endroit, au bord du fleuve, soit pour un souvenir du voyage, soit pour en faire des croix, chapelets, ou autres choses. »

Le prétexte de l'escorte du pacha est de veiller à la sûreté des pélerins contre les violences et les vols des Arabes. Mais le principal motif de ce gouverneur est de tirer de l'argent des pélerins : c'est ce qu'on nomme le droit de caffare ou conduite. Du temps de M. Doubdan, ce droit était de dix piastres, revenant à peu près à vingt-cinq francs de notre monnaie, par chaque pélerin. — Placé sur une petite éminence, assis sur des coussins et entouré de ses gardes, le pacha perçoit lui-même le droit de caffare de chaque pélerin qui se présente individuellement, et à son tour, devant lui.

M. de Châteaubriand, lors de son voyage en Palestine, en 1810, observa lui-même la pieuse coutume de se rendre au Jourdain ; mais il ne fut pas assujéti au droit de caffare, parce qu'il avait une escorte particulière à ses ordres et à sa solde.

Alfred et son père se dirigèrent vers la mer Morte, contents de voir le temps s'éclaircir et la perspective s'agrandir devant eux.

Mais quelle était la perspective sur laquelle leurs yeux impatients se fixaient alors ! Quelle était cette terre qu'ils foulaient et sur laquelle leurs montures avaient peine à avancer ! Tout, autour d'eux, était désolé et stérile , comme dans un lieu soumis à l'immédiate malédiction de Dieu ; monument de la justice divine qui doit, jusqu'à la fin des siècles, rester dans cet état. Un sable profond que la pluie avait changé en mortier, de tous côtés des monticules de même substance, composaient toute la variété des objets qui couvraient cette plaine que n'animait aucune créature , aucun végétal ; plus loin le lac Mort roulait ses vagues lourdes au gré du vent, comme si c'était là le terme de toute chose créée, et qu'en allant plus loin c'était dire adieu à la vie elle-même.

Un silence profond et imposant, le sentiment de la présence d'un Dieu vengeur , remplirent le cœur de nos voyageurs. Ils pensèrent sans doute au temps où cette immense plaine n'était qu'un lac de feu, qu'une lave brûlante précipitée des montagnes, brûlant, consumant les habitants de cinq cités populeuses, entourant et couvrant la tremblante et imprudente femme de Loth. Ils laissèrent ce lieu, comme un monument de ce terrible jugement.

Les seuls signes de vie qu'ils remarquèrent sur ces rives maudites étaient quelques locustes ; et quoique le père et le fils prissent plaisir à se baigner dans le lac, cependant chaque moment de plus qu'ils y restaient augmentait le sentiment de crainte et de peine profonde qu'il inspirait. L'odeur de l'eau était désagréable ; ils ramassèrent des morceaux de bitume, noir comme du jais, dont on fait des croix à Jérusalem, et que l'on dit être efficace comme antidote contre la peste.

Alors, à pas lents et mélancoliques, ils traversèrent de nouveau la plaine. Les vagues de la mer Morte sont si pestilentielles, et le lieu inspire encore une telle horreur que, pendant tout le voyage, ils ne remarquèrent nulle trace d'habitation humaine, si ce n'est quelques tentes occupées par des Arabes; elles étaient couvertes d'étoffe noire, faite de poils de chameaux, et leur vue sombre, désagréable, convenait à toute la désolation environnante.

En arrivant à Jéricho, sous l'impression qu'ils avaient reçue, ils trouvèrent la ville encore pire qu'elle ne leur avait paru la veille.

— Est-ce là, dit Alfred, la ville des palmiers, l'orgueilleuse maîtresse d'un domaine riche, et où habitèrent douze mille prêtres et lévites? Hélas! combien les puissants sont tombés bas! Comme cette terre est maudite pour cause de la méchanceté de ceux qui l'habitaient, ainsi que le dit l'Ecriture!

Ils allèrent de nouveau voir le vieux gouverneur, et lui firent un riche présent; ils distribuèrent de l'argent aux gardes, et donnèrent le restant de leur tabac et de leurs provisions au propriétaire de leur misérable logement, puis retournèrent à Jérusalem, où ils furent accueillis avec bonté par les moines, qui avaient manifesté des craintes sur ce voyage.

~~~~~~

XI

Eglise du Saint-Sépulcre. — Procession des moines. — Description de l'église. — Le mont de la Croix. — Tombeau de Notre-Seigneur. — Cérémonies. — Tombeaux des rois de Juda. — Adieux à Jérusalem. — Départ pour le voyage en Judée.

CE qui fixa ensuite plus particulièrement l'attention de nos voyageurs, ce furent les fêtes de Pâques. La veille du Vendredi-Saint, ils se rendirent à l'église du Saint-Sépulcre, sur le mont Calvaire, pour assister aux dévotions du lendemain. A cet effet, ils s'habillèrent à l'européenne ; à leur arrivée, ils furent reçus avec beaucoup d'égards et conduits au réfectoire; on leur indiqua ensuite deux cellules séparées, où ils se couchèrent tout vêtus.

A trois heures du matin, ou les appela à matines ; ils suivirent les moines en procession jusqu'à la chapelle bâtie sur le Saint-Sépulcre, au centre de l'édifice. Les moines se suivaient un à un, marchant lentement, tenant en main de gros cierges allumés, chantant à voix basse une hymne solennelle qu'accompagnaient les notes graves de l'orgue. Tout leur rappelant qu'ils se trouvaient réellement sur l'emplacement où le Sauveur avait autrefois souffert, ils s'agenouillèrent et remplirent tous les devoirs imposés aux chrétiens.

Terre Sainte.   6

L'église où ils se trouvaient a environ cent pas de longueur sur soixante de largeur; ayant été construite sur la montagne, il fut nécessaire d'aplanir d'un côté et de combler d'un autre; mais on prit un soin particulier de ne pas toucher à la partie où fut crucifié Notre-Seigneur; par ce motif religieux, cet emplacement est beaucoup plus élevé que le niveau de l'église. Ce lieu sacré est un carré d'environ soixante-dix pieds, richement orné, et sur l'autel brûlent constamment des lampes. Le tombeau même, qui était autrefois une cavité sous terre, peut encore être considéré aujourd'hui comme une cavité au-dessus de la terre, le rocher qui l'environnait ayant été enlevé.

En raison du lieu où elle est bâtie, la forme est magnifique; partout règne l'ordre architectural corinthien. La forme en est circulaire, dominée par un dôme de cèdres du Liban; mais la lumière, qui vient d'en haut, n'est pas assez grande et laisse à l'intérieur quelque chose de sombre. Il règne dans le pourtour une galerie de cellules pour les chrétiens de toutes les nations; mais les Turcs exigent rigoureusement une taxe des visiteurs, qui peut annuellement s'élever à la somme de quinze cent mille francs. En entrant dans l'église, le premier objet qui fixe l'attention est un emplacement couvert de marbre, désignant l'endroit où Joseph d'Arimathie lava le corps de Notre-Seigneur avant de le confier à la tombe. Au nord est le tombeau de Godefroy de Bouillon, portant une inscription annonçant qu'il fit la conquête de la ville sainte, etc.

Sur le Saint-Sépulcre, on a élevé un monument mi-circulaire oblong, pavé en marbre, couvert de rideaux pourpre et or. On y entretient constamment des lampes précieuses allumées ; il est divisé en deux pièces de six pieds carrés chacune : la première est une anti-chapelle, et la seconde le *Sanctus Sanctorum*, sur le lieu où fut déposé Notre-Seigneur. Au-dessus de l'autel on voit un grand tableau représentant l'Ascension. Les portes d'entrée en sont si basses qu'Alfred lui-même fut obligé de se baisser pour y pénétrer.

Le nombre des pélerins qui viennent à Jérusalem est considérable, mais à cette époque il est bien plus grands, et souvent il n'entrent au temple qu'avec la plus grande difficulté. Leur anxiété est un amusement pour les Turcs qui rôdent auprès de là, mais qui, sous aucun prétexte, ne permettent aux chrétiens d'approcher de leurs mosquées.

Le soir du Vendredi-Saint, que les moines nomment la nuit des ténèbres, les lumières furent éteintes pendant le sermon, en commémoration de l'obscurité qui se répandit au moment où Jésus-Christ fut crucifié. Une seconde procession eut lieu, chaque personne portant un cierge plus léger ; on portait en tête un crucifix avec l'image du Sauveur, de grandeur naturelle, une couronnes d'épines sur la tête, et le corps ensanglanté. Après les stations dans l'église, elle arriva au mont Calvaire, que tout le monde monta pieds nus. On y dressa la croix, un sermon y fut prêché et une hymne fut chantée;

après quoi deux personnes, représentant saint Joseph d'Arimathie et saint Nicodème, s'approchèrent du lieu avec grande solennité, ôtèrent les clous, descendirent le corps, dont on a soin de rendre les membres flexibles, pour mieux imiter un cadavre ; on le mit dans un linceul, et la cérémonie se termina en le mettant dans le tombeau.

Ayant fait toutes leurs dévotions et visité tout ce qui mérite de l'être, ils se rendirent aux tombeaux des rois. Ils trouvèrent ces monuments superbes, plus dignes de fixer l'attention, et établissant mieux la grandeur passée de la sainte cité que tout ce qu'ils avaient vu ; ces tombeaux portent même les marques de la grandeur et de la splendeur de l'ancienne Égypte. On arrive d'abord à un espace carré, taillé dans le roc, et à environ dix pieds au-dessous du niveau de la terre ; cet espace est en plein champ et découvert. A l'ouest, quand on y est descendu, est l'entrée d'une caverne au-dessus de laquelle est un portique taillé dans le roc, orné de sculptures encore en assez bon état. A gauche, en entrant, on descend dans l'habitation des morts, en passant avec peine par un passage presque obstrué par des décombres. Eclairés par de petites bougies, nos voyageurs virent une rangée de chambres souterraines dans chacune desquelles se trouvaient des emplacements pour les corps morts, qui paraissent y avoir été déposés dans des cercueils en pierre. Au milieu d'une des chambres il existe une fontaine. Ces excavations sont attribuées à David ; mais il n'y a pas de certitude sur ce sujet. M. Belwel observa cependant que, comme il n'avait pas été permis à David de construire un temple, il avait dû employer son peuple, et les trésors qu'il avait destinés à cela, à construire ces tombeaux.

En retournant au couvent, ils jetèrent encore des yeux humides sur la cité et ses environs, en observant « que, quoique les murailles actuelles renfermassent un plus grand espace que celui de l'ancienne cité, qui avait dû être beaucoup plus vaste que la seconde, cependant le surplus de la présente ville était assis sur le site de la première. » Car, à plus d'un mille de distance au nord, des masses de décombres, des fragments de monolithes sculptés, des restes de routes pavées, et des pierres circulaires d'une qualité particulière, semblables à quelques-unes vues à Bethléem, prouvent quelle était l'étendue de l'ancienne ville; mais il règne partout une ruine si complète qu'on ne reconnaît plus exactement l'emplacement d'une tour, d'un palais ou d'un temple.

« Si je t'oublie, ô Jérusalem, que ma main droite soit desséchée et que ma langue s'attache à mon palais ! » C'est ainsi que s'écriait Alfred, en jetant un dernier regard sur la sainte cité, qu'il considérait alors éclairée par un clair de lune dégagé de tout nuage. Lorsqu'il se leva de grand matin pour prendre congé des bons vieux moines qui les avaient accueillis et traités avec tant de bonté, son jeune cœur rappela tout le passé, et, plein de reconnaissance, il lui fut impossible de parler. En général, Alfred avait toujours secondé son père dans toutes choses; mais dans cette circonstance il ne put agir; et M. Belwel reçut les lettres de recommandation si nécessaires à leur future sûreté et à la continuation de leur voyage, fit bon accueil à l'escorte militaire envoyée par le gouverneur, et présenta son offrande généreuse au couvent sans être assisté par son fils, ordinairement si actif, et qui consacrait ses derniers moments et ses soupirs d'adieu aux bons pères et à leur couvent.

Ils traversèrent ce qui, dans l'Ecriture, est appelé le pays montagneux de la Judée (*montana Judeœ*), et passèrent la première nuit au village de Bur, où ils furent mal à leur aise, mais reçus avec politesse : ils y goûtèrent un repos bien gagné. Le jour suivant, ils traversèrent une chaîne de montagnes qui, leur rappelant celles de leur patrie, amena d'agréables comparaisons; en effet, les habitants des montagnes y trouvent toujours des charmes particuliers, tels que les sommets élancés, les précipices hardis, les arbres rampants dont les racines sont fixées dans les fentes des rochers et dont les branches écartées ondoient au-dessus de profonds ravins, les nuages qui se précipitent au loin, les exhalaisons vaporeuses, les torrents impétueux ou les faibles ruisseaux qui glissent, comme des filets d'argent, à travers les noires carrières sur le penchant des montagnes, les brumes humides qui étincellent aux rayons du soleil, ou la foudre qui gronde dans toute sa force ; tous ces phénomènes de la nature sont des objets de beauté et de grandeur chers au cœur et aux yeux de ceux qui sont accoutumés à les admirer dans toute leur majesté, et qui peuvent en apprécier l'influence.

Un tintement retentit dans les airs, et ils reconnurent, à une petite distance, qu'une longue file de chameaux les précédaient ; ils étaient pesamment chargés, et chacun avait une clochette suspendue au col. Ces utiles animaux, lorsqu'ils sont chargés, jettent un cri parfaitement compris par leurs conducteurs, auxquels ce cri annonce qu'ils sont chargés autant qu'ils en peuvent porter, et ils ne marcheraient pas s'ils étaient surchargés. Ils s'agenouillent pour recevoir leur fardeau et leur cavalier, et sont en général soumis et doux dans leurs manières; mais ils conservent longtemps la mémoire d'une offense, d'où l'on a cru nécessaire de les museler fortement au moyen d'une chaîne qui sert aussi aux conducteurs pour les mener. La femelle donne continuellement du lait, ce qui les rend précieuses, ainsi qu'il est dit dans l'histoire de Jacob. Il est à remarquer que, en Italie, il y a une race de chameaux qui y ont été importés de l'Orient, lors des croisades. ✦

Ils s'arrêtèrent à Béthel, où Jacob fixa quelque temps sa résidence, et où il eut la fameuse vision de l'échelle mystérieuse dont parle l'Ecriture sainte. Des ruines attestent qu'autrefois il y avait eu là un monument en commémoration de cette circonstance.

C'était une ville royale des Chananéens. Jéroboam y avait placé un des deux veaux d'or qu'il fit adorer par le peuple du royaume d'Israël. La crainte des voleurs les empêcha d'y rester plus longtemps qu'il n'était absolument nécessaire, et ils ne s'arrêtèrent plus qu'à la vallée de Sichem.

XII

Vallée de Sichem. — La Citerne. — Tombeau de Joseph. — Samarie. — Les mauvais logements. — Plaine d'Esdras. — Bataille de Bonaparte. — Mont Thabor. — Nazareth. — Portrait de Jésus-Christ. — L'atelier de Joseph. — La Chapelle. — Naïm, Endor, etc.

Dans cette belle vallée, parmi les objets et les événements les plus variés qui offrent le plus d'attraits, dont parle l'Evangile, on cite un puits *d'eau vive,* ainsi nommée pour la distinguer de celle des lacs, qu'on regarde comme dormante et morte. Ce puits est à droite sur le bord de la route : un ruisseau clair et pur, de quatre pieds de largeur, s'en échappe et coule vers la ville de Samarie, maintenant Naplouze.

— Ah ! voici sans doute le puits, dit Alfred, où Notre-Seigneur s'entretenait avec la Samaritaine. Les œuvres de l'homme peuvent s'altérer ; mais celles de Dieu ne changent jamais.

— Vous avez raison, mon fils ; mais je crois que la ville, à cette époque, était beaucoup plus rapprochée du puits qu'elle ne l'est maintenent.

— Samarie, du temps de Notre-Seigneur, était indubitablement une cité florissante, car Hérode l'a considérablement agrandie ; il y bâtit un temple en l'honneur d'Auguste, et lui donna le nom de Sébaste.

Après s'être désaltérés à ce puits, et s'être rappelés que cette terre avait été donnée par Jacob à Joseph, ils continuèrent leur route, passant devant un petit édifice où furent autrefois déposés les restes de Joseph, et entrèrent dans Samarie, qui est entourée d'arbres et parfaitement située.

Ils avaient appris à Jérusalem que M. Rae Wilson, dont ils suivaient l'itinéraire, avait été insulté et contrarié à Samarie, où les Turcs sont très hostiles aux chrétiens ; mais, étant porteurs de lettres de Jérusalem, il ne leur arriva rien de pareil. Quoique leurs besoins fussent mal satisfaits, ils crurent voir le mécontentement dans les regards de ceux qui les environnaient. Alfred observa qu'il devait y avoir quelque chose dans l'atmosphère de Samarie qui portait le peuple à la guerre. Cette ville avait été détruite par les fils de Jacob. Abimélech la détruisit une seconde fois, et, quand elle fut relevée par Jéroboam, les rois de Damas la ruinèrent ; après tout cela, Alexandre-le-Grand l'ajouta à ses conquêtes. Elle jouit cependant du bienfait de la foi chrétienne dès le principe, par les prédications de saint Philippe.

La situation en est belle, le sol fertile ; les oran-

6..

gers, les citronniers et les myrtes abondent dans les jardins; mais les rues sont si étroites que deux chevaux ont peine à y passer de front. Quelques-uns des anciens de la secte des Samaritains y résident, et se rendent processionnellement, à certaines époques, au sommet de la montagne, pour y lire la loi de Moïse. De cette hauteur, on découvre la plus belle vue du pays.

En quittant cette ville si peu agréable, malgré ses avantages naturels, ils traversèrent le sommet du mont Ebal; et, après un jour de voyage fatigant, ils se reposèrent à Jenini, à peu près comme ils l'avaient fait à Jéricho, obligés de dormir les armes à la main de crainte des voleurs, car les féroces habitants ne respectent rien; mais ils avaient été averti, par le gouverneur de se tenir soigneusement sur leurs gardes. Aussi furent-ils heureux lorsque le lendemain de bonne heure ils se virent à quelques milles de distance d'un lieu qu'ils regardaient comme une caverne de voleurs.

Il descendirent dans la plaine d'Edracton, pays autrefois assigné aux tribus d'Issachar, les Armoggedden de l'Apocalypse, quelquefois appelée la plaine de Thabor et la plaine Galiléenne. En la regardant avec extase, et remarquant d'un côté le mont Jabar, et de l'autre le mont Hermon, Alfred s'écria:

— Quelle belle arène pour des armées, et combien de combats y ont eu lieu! Ici Barack défit Sisera, qui avait neuf cents chariots de fer; Josias, roi de Juda, y combattit aussi contre Méchao, roi d'Egypte,

et le carnage fut si grand qu'il répandit le deuil de
tous les côtés. Des croisés, des Mameluks, des Arabes, des peuples de toutes les nations, ont combattu
sur ce champ de bataille mémorable.

— C'est vrai; même de nos jours il y a eu des
batailles remarquables ici, car Napoléon y mit en
déroute les forces formidables des Turcs, et se rendit
ensuite à Nazareth. J'ai vu les lieux où se sont données les batailles de Waterloo, de Leipzig, de
Dresde, de Vittoria et beaucoup d'autres; mais tous
étaient bien inférieurs en étendue et en accidents de
terrain à celui-ci.

Ils hâtèrent leur marche à l'instigation de leur
escorte; mais la fatigue se fit sentir avant leur arrivée à Nazareth, où ils récompensèrent noblement
leurs gardiens et les renvoyèrent, ayant l'intention
de rester quelques jours dans cette ville, qui se glo-
rifie d'avoir été le séjour d'enfance de Jésus-Christ.

Nazareth, petite ville de la Galilée inférieure, est
sur le penchant d'un roc stérile; et comme déjà du
temps de Notre-Seigneur les Juifs en parlaient avec
mépris, elle est encore commune et sale. Le supérieur du couvent reçut nos voyageurs avec courtoisie:
ils y trouvèrent ce qu'ils n'avaient trouvé nulle part
ailleurs, du vin rouge d'excellente qualité. L'usage
du vin étant défendu par les Turcs, la culture en est
négligée; mais à Nazareth les Turcs et les chrétiens
paraissent mieux se comprendre, et c'est sans doute
de là que ces derniers ont plus de facilité de se procurer cette liqueur, sans exciter la jalousie de leurs
maîtres qui, en général, sont si sévères.

Le couvent est propre, aéré et commode : dans sa forme et sa force, il a plutôt l'apparence d'une forteresse que d'une maison religieuse. Ses greniers sont bien approvisionnés de blé ; les porcs et la volaille abondaient dans les cours, et les jardins produisaient des fruits et des légumes excellents. Il y a douze moines qui parlent espagnol et italien.

L'église est bâtie sur la grotte où vivait la sainte Vierge, et où eut lieu l'Annonciation. La voûte en est formée du roc naturel, parce qu'on avait toujours recours aux excavations, dans ce pays comme en Egypte, d'où les Juifs apportèrent les premières idées d'architecture.

Parmi les tableaux de cette église, on en montre un comme étant la ressemblance exacte de Jésus-Christ. Il y est représenté le visage doux, les cheveux bouclés, la barbe épaisse de couleur noisette.

Le second objet qui fixa leur attention fut la boutique où travaillait saint Joseph. L'église contient aussi une énorme pierre sur laquelle mangeait le Christ avec quelques personnes choisies ; la synagogue où il faisait la lecture aux Juifs le jour de sabbat ; et enfin on leur montra le lieu où la populace menaça de le précipiter du haut d'une montagne près de la ville.

Quoique Nazareth soit pauvre, les environs sont bien cultivés, et la ville elle-même présente l'apparence de plus d'industrie, de plus de propreté parmi le peuple, que partout ailleurs ; ce qui doit sans doute être attribué à ce qu'il règne plus d'accord entre les habitants. Cependant M. Rae Wilson y fut aussi insulté par un Turc pour avoir osé porter un turban blanc, privilége exclusif des seuls Musulmans.

Le lieu où se passa l'Annonciation de la sainte Vierge se voit encore aujourd'hui à Nazareth. C'est une grotte creusée dans la roche, au penchant de la montagne sur laquelle est bâtie la ville de Nazareth. Cette grotte faisait partie de la maison qui servait d'habitation à la sainte Vierge Marie, au temps de l'incarnation : pauvre et humble demeure, mais plus grande aux yeux de la foi que les palais des rois.

Pour mieux entendre ceci, il faut savoir que, au temps de Jésus-Christ, un certain nombre d'habitants de Nazareth, les moins aisés, avaient leurs habitations au revers et dans le flanc de la montagne, comme on en voit encore aujourd'hui quelques-unes; c'étaient des maisons peu spacieuses, creusées en partie dans le corps de la montagne, avec quelque petit corps de logis en avant construit en maçonnerie, et souvent composé d'une seule chambre de plain-pied avec un cabinet ou grotte en arrière; ces deux pièces étaient séparées par un mur.

Telle était la maison de la sainte Vierge, et telle elle est encore aujourd'hui, si ce n'est que, dans l'espace de dix-huit siècles écoulés depuis Jésus-Christ, la partie antérieure, qui n'est qu'en maçonnerie simple, a dû être rétablie plusieurs fois, mais toujours sur les mêmes fondements et dans les mêmes proportions; car les chrétiens se faisaient un point de religion de conserver les lieux saints au même état qu'ils étaient dans l'origine ; ils se bornaient à les décorer, sans y rien changer. C'est ainsi que, de nos jours, on s'est fait un devoir de conserver au même état qu'on les a trouvés des monuments qui rappellent de grands souvenirs, comme la prison où fut enfermée l'infortunée reine *Marie-Antoinette*, dont on a conservé jusqu'au pavé et au petit jour qui l'éclairait. C'est ainsi qu'on conserve, au département de la Meuse, un monument d'un autre genre, la chambre qui servit d'habitation à la célèbre *Jeanne d'Arc*, connue sous le nom de la *Pucelle d'Orléans*, habitation dont l'extérieur seulement est décoré. Cette réflexion n'est point ici déplacée ; elle sert à confirmer l'authenticité des monuments évangéliques.

Après cet aperçu général de la situation et de l'extérieur de la sainte maison de Nazareth, nous allons passer à la description intérieure. Nous emprunterons pour cela le récit naïf de M. Doubdan, écrivain très exact, qui visita cette maison en l'année 1652.

« La maison de la sainte Vierge, dit ce voyageur, se compose d'une grotte taillée dans la roche, et d'une salle basse par-devant, sur la rue. La grotte contient seize pieds de longueur, cinq pieds et demi de largeur, du côté de l'orient, et dix pieds à l'autre bout, à cause que les murs sont de biais ; et environ neuf à dix pieds de hauteur.

» Pour la salle du devant, elle a vingt-six pieds de longueur, treize pieds de largeur, et la hauteur à proportion ; ayant à son bout oriental une petite cheminée ; et à côté, dans l'épaisseur du mur, une petite armoire, et une petite fenêtre au mur occidental, de laquelle elle tire tout le jour qui l'éclaire, ayant son entrée vers le midi. Voilà le véritable plan de cette sainte maison, ou plutôt de ce sanctuaire, le plus digne de la terre, pour avoir été consacré par tant de glorieux mystères qui s'y sont passés; car là tradition constante est que saint Joachim et sainte Anne y faisaient leur demeure, au temps de l'immaculée conception de la très pure Vierge leur fille, à qui ils la laissèrent après leur mort. C'est là aussi où cette Vierge sans pareille demeurait après son mariage. C'est là qu'elle conçut dans son sein le Fils de Dieu, par l'opération du Saint-Esprit; c'est là encore que, après l'avoir donné au monde, en Bethléem, elle le rapporta, comme un dépôt sacré. C'est là que l'on a vu un Dieu servir la créature. C'est là que cette sainte famille, Jésus, Marie, Joseph, prenaient leur repas et leur repos. C'est là que le fils de Dieu, par un excès d'humilité, a exercé jusqu'à l'âge de trente ans un métier ingrat et pénible; après quoi il quitta la maison et prit congé de sa sainte mère, pour commencer son office de Sauveur, pour lequel il était venu au monde.

» En considération de tant de merveilles, les premiers chrétiens dédièrent la maison en chapelle; en sorte néanmoins qu'il y en a deux différentes, ayant chacune son autel, en l'une desquelles (c'est la grotte) Notre Seigneur a été conçu, et il a été nourri et élevé dans l'autre.

» Ces saints lieux étaient demeurés en cet état jusqu'au temps de sainte Hélène, laquelle, pour honorer la mémoire de ces ineffables mystères, les fit couvrir et enfermer dans une des plus belles et magnifiques églises du Levant. Car, à considérer la grandeur des vestiges et dés ruines qui en restent, elle pourrait justement être comparée à celle de *Notre-Dame* de Paris (*)....

» De la première chapelle on descend d'un degré dans la grotte, non par la porte qui est presque bouchée, mais par une arcade ouverte dans le mur de séparation, et par laquelle elle reçoit le jour de la fenêtre qui est au-dessus de l'autel de sainte Anne.

» La grotte est toute naturelle; la roche nue est découverte presque partout, excepté le mur occidental et méridional qui est fait de pierres de taille pour soutenir les bâtiments qui sont au-dessus. La voûte est nue aussi, naturelle, et d'une pierre fort tendre; ce qui fait conjecturer que sainte Hélène, par respect pour ce saint lieu, ne voulut pas y toucher.

(1) Sainte Hélène, mère de l'empereur Constantin, vivait au troisième siècle; ce fut au commencement du quatrième qu'elle éleva le monument dont il s'agit ici.

» Les chrétiens, qui ont fait rétablir les lieux comme ils sont à présent, y dressèrent un autel à l'orient, et firent mettre à l'autre bout, tirant un peu vers le midi, deux grosses colonnes de marbre gris, l'une à la place où était la sainte Vierge au moment de l'Annonciation, l'autre à celle où était l'ange, au milieu de l'entrée de la porte, dont cette colonne interdit le passage. Ces deux colonnes sont à deux pieds l'une de l'autre, posées de telle sorte que la Vierge avait la face tournée vers le midi, sur le temple de Jérusalem. »

Chacune de ces deux colonnes a environ vingt pouces de diamètre ; elles s'élèvent jusqu'à la voûte ; mais celle de la Vierge ayant été rompue par les infidèles, à environ deux pieds de hauteur au-dessus de terre, son chapiteau est resté enclavé dans la voûte et comme suspendu en l'air. C'est ainsi qu'il était du temps de M. Doubdan, qui regarde comme un prodige que ce chapiteau, malgré son poids énorme, demeure ainsi attaché à la voûte ; ce qui en effet paraît fort extraordinaire.

Du côté du septentrion, au fond de la grotte, il y a un prolongement tel qu'un caveau, avec un escalier fort obscur, par lequel les religieux qui habitent l'hospice descendent dans la chapelle basse.

La célèbre chapelle de *Notre-Dame-de-Lorette*, en Italie, est construite précisément sur le plan et les dimensions de celle de Nazareth, mais richement décorée.

Quelque dévotion que les chrétiens, et les infidèles eux-mêmes, portent à ce saint lieu, cela n'a pas empêché que ces derniers n'aient ruiné l'église, abattu plusieurs fois l'hospice des pères, outragé et chassé les religieux, notamment sept à huit ans avant l'arrivée de M. Doubdan. Ce voyageur raconte qu'un certain Ali-Aga, pacha de Séphet, ennemi juré des chrétiens, tourmenta de telle sorte, à cette époque, les pères de l'hospice, qu'ils furent contraints de céder à la tyrannie et d'abandonner ces saints lieux. Ils ne furent pas sitôt partis que les infidèles renversèrent le couvent et le rendirent inhabitable.

« Cependant, ajoute M. Doubdan, les anges tutélaires de ces saints lieux ne permirent pas à ces impies de toucher à la chapelle, qui ne reçut aucun dommage. Les religieux, qui étaient revenus environ six semaines avant l'arrivée de notre voyageur, n'avaient pu faire autre chose que de déblayer, avec des fatigues incroyables, les décombres du monastère, et de s'y loger, comme ils avaient pu, dans quatre ou cinq cellules dont il ne restait que les quatre murs à demi rompus, qu'ils avaient couverts de branches d'arbres et de terre pour s'y mettre à l'abri des injures de l'air. C'est en cet état que M. Doubdan trouva la maison à son arrivée. »

Tel est le sort des religieux de Terre-Sainte au milieu des infidèles. Maintenant nous allons reprendre le récit de notre voyageur, et parcourir avec lui les autres monuments qui restent à Nazareth de la présence et du séjour qu'y a fait le Sauveur.

« Il y a, continue M. Doubdan, plusieurs places remarquables, au-dedans et au-dehors de Nazareth, qui méritent bien d'être visitées pour satisfaire la dévotion et la curiosité des pélerins.....

» A quelques cent pas du couvent, presque au milieu de la ville, tirant un peu vers le couchant, se voit un vieux bâtiment de pierre de taille qu'on dit être le reste de la synagogue en laquelle Notre-Seigneur étant entré, comme dit saint Luc, fit lecture d'un passage du prophète Isaïe, contenant une prophétie qui le concernait; mais aussitôt qu'il eut déclaré que cette prophétie était accomplie en sa personne, les assistants entrèrent en une si grande haine et colère, que non-seulement ils le chassèrent honteusement de la synagogue, mais ils le menèrent à environ deux mille pas de là, à la pointe de la montagne qui regarde le midi, où ils voulurent le précipiter du haut du rocher en bas en un profond abîme. Mais, comme dit l'Evangile, il passa tranquillement au milieu d'eux et s'en alla avec une telle majesté que leur fureur fut comme enchaînée, et que, par sa puissance divine, il les réduisit à l'inaction et à une sorte de stupidité involontaire. »

Les expressions dont se sert l'historien sacré, pour représenter cette scène, sont d'un style sublime : *Transiens per medium illorum ; ibat.*

M. Doubdan et sa compagnie allèrent visiter cette roche, qu'ils trouvèrent telle que l'Evangéliste la décrit, suspendue sur un précipice formé par une vallée profonde, qui est le lit d'un torrent.

Il paraît que, pour perpétuer la mémoire de ce trait frappant de la vie de Jésus-Christ, les chrétiens avaient anciennement élevé deux monuments, l'un au pied de la *Roche du Précipice*, dont on voit encore les vestiges ; savoir : 1° une grande niche creusée dans le rocher, avec un autel taillé dans la roche même ; 2° des arcs-boutants de quelque batiment, des peintures à demi effacées, avec deux grandes citernes creusées dans le rocher, ce qui annonce les ruines d'un ancien monastère. L'autre monument ne consiste plus qu'en quelques ruines situées à peu près à moitié chemin de la ville à la Roche du Précipice. Suivant la tradition, il y avait anciennement en cet endroit un monastère de religieuses, bâti à la place où la sainte Vierge, courant à la hâte après son fils que les habitants allaient précipiter, tomba en défaillance de douleur et de crainte. Pour cette raison, l'église du monastère fut nommée *Notre-Dame de la crainte*, nom que ce lieu porte encore. Les vestiges restants sont des monuments précieux dont il est important de conserver la mémoire à la postérité, comme des preuves de la vérité des faits évangéliques.

On montre encore à Nazareth quelques autres monuments moins remarquables, particulièrement une fontaine dont l'eau tombe dans un grand réservoir bien muré, qu'on nomme la *Fontaine de la sainte Vierge*, parce que, suivant la tradition, elle y allait puiser de l'eau, comme les autres femmes, pour les besoins de la famille. Cette fontaine est au bas de la montagne.

Saint Louis, lors de son voyage en Palestine, alla visiter Nazareth. De si loin qu'il aperçut la ville, il descendit de cheval et se prosterna en terre. Il y arriva le jour de l'Annonciation, il y fit célébrer l'office divin, et reçut la sainte communion dans la chambre où la Vierge avait été saluée par l'ange; puis il retourna à Jaffa, où la reine son épouse accoucha heureusement d'une fille. Ce fut vers le milieu du xiie siècle que saint Louis fit ce voyage en Palestine.

Nazareth est située à trois journées de chemin, environ trente lieues, au nord de Jérusalem. Cette ville n'est plus aujourd'hui qu'un pauvre village presque ruiné et en partie désert. L'hospice des Pères de Terre-Sainte doit avoir été rebâti depuis le voyage de M. Doubdan.

Le lendemain ils se rendirent à cheval au mont Hermon , auprès duquel est Naïm, où le Sauveur ressuscita le fils de la veuve. (Voy. Luc, ch. VIII, v. 14.)
C'est maintenant un pauvre village ; mais il est bien
situé , et, selon toute apparence , il fut autrefois très
étendu. A deux milles de là ils virent Endor, où
habitait la sorcière à laquelle s'adressa Saül pour
faire évoquer Samuel. Il est situé dans les montagnes de Gédéon , où campèrent les forces de ce chef.

De Nazareth , en traversant la Galilée, ils allèrent
à Cana , et virent avec joie que cette partie de la
contrée s'améliorait progressivement. Avant de pénétrer dans cette ville , ils s'arrêtèrent à une fontaine
pour y rafraîchir du vin qu'ils tenaient de la bonté
des moines de Nazareth. Pendant qu'ils se rafraîchis-
saient ainsi et causaient sur le premier miracle de Notre-
Seigneur, qui fut de changer l'eau en vin (probablement c'était de l'eau de cette même fontaine), ils virent
des personnes qui s'avançaient vers eux. C'étaient six
femmes dont la figure était voilée, et portant chacune
sur la tête une cruche d'argile , en forme de globe,
qu'elles venaient remplir à la fontaine. La première
qui arriva plongea sa cruche dans l'eau , la remplit,
offrit à boire aux étrangers, ainsi que le fit autrefois
Rébecca pour Eliézer, serviteur d'Abraham. Cet in-
cident fut pour nos voyageurs un exemple des mœurs
patriarcales , cette coutume étant rappelée très souvent dans l'Ecriture sainte, et les frappa d'autant
plus qu'il était évident que ces femmes n'appartenaient
point à la basse classe du peuple , car plusieurs d'en-

tre elles portaient des bracelets et autres ornements.

Ils traversèrent Cana, lieu de naissance de saint Philippe et de saint Jacques, et entrèrent dans les plaines de Zabulon. Peu après ils passèrent auprès du champ où Jésus, se promenant avec ses disciples, un jour de sabbat, les Pharisiens furent scandalisés de ce qu'ils cueillaient des épis et les mangeaient. Au bas de ce champ est la montagne des Béatitudes, d'où le Seigneur fit entendre à la foule qui l'écoutait ce discours sublime qu'on appelle le Sermon sur la Montagne, et, tout auprès, le lieu où il nourrit la multitude. En regardant ce lieu, que le guide appelait la Table du Christ, M. Belwel fit l'observation qu'il y avait encore, comme autrefois, beaucoup de gazon.

Cette course à cheval, depuis Nazareth, leur fut fort agréable. Ils virent des scènes variées et des sites du plus grand intérêt. Les pasteurs arabes et leurs troupeaux sur les montagnes, les laboureurs dans les vallées, et surtout la mémoire des incidents glorieux qui eurent lieu sur cette terre favorisée, leur inspira une douce sérénité et la plus pure reconnaissance envers Dieu ; ils retournèrent au couvent avec l'heureuse pensée de réjouir les bons pères par la satisfaction et l'admiration dont ils étaient remplis.

‹⚬⚬

XIII

La Tibériade. — Maison de saint Pierre. — Le Lac. — Pauvreté des
chrétiens dans ce pays. — Le Poisson. — Le mont Thabor. — Saint-
Jean-d'Acre. — Cruautés du dernier pacha. — Le mont Carmel. —
Tyr. — Zareppa. — Sidon. — Costume d'une tribu arabe. — Ils montent au mont Liban. — Les Cèdres. — L'Eden, etc.

Ils se dirigèrent alors vers Tibéria, à environ
trente milles de Nazareth, et arrivèrent aux portes
vers le soleil couchant, moment de leur fermeture.
La nature était dans ce moment embellie par le soleil
qui se baissait ; le lac qui s'étend au loin, autrefois appelé la mer de Galilée, était uni comme une glace, en-
caissé dans des montagnes, et semblait posé là comme
un joyau dans une cassette, réfléchissant les derniers
rayons de l'astre du jour.

Ils ne purent se procurer d'autre logement que
celui destiné ordinairement aux voyageurs Francs :
c'était une petite église catholique, qu'on dit avoir
été la maison de saint Pierre, et qui était habitée par
un prêtre grec qui reçut leurs lettres, et qui, pénétré lui-même de la sainteté du lieu, les y introduisit
avec l'air de quelqu'un qui accorde une grande faveur. Ce n'était cependant qu'une misérable chau-
mière. Comme nos pélerins savaient que le docteur
Clarke prétend que c'est un édifice moderne et ne

méritant pas l'importance qu'on lui donnait, comme ayant été la résidence de ce grand Apôtre, ils ne se sentirent pas portés à endurer les désagréments aux-quels ils y auraient été assujétis. Les habitants di-sent que le roi des puces y tient sa cour ; et Alfred ajouta que sans doute sa salle de réception devait y être aussi, car ces insectes désagréables y four-millent ; et il en souffrit à tel point qu'il transporta sa natte dans une cour extérieure, et préféra cher-cher le repos sous la voûte des cieux. Les puces, les poux, punaises, fourmillent non-seulement dans tout le pays, mais il est difficile de trouver un lieu où il n'y en ait pas ; ce qui est très désagréable pour les voyageurs, qui en souffrent plus que tout autre.

Le jour suivant ils parcoururent la ville, qui est petite, environnée de murailles garnies de tourelles de distance en distance. A l'extrémité nord il y a les ruines de l'ancienne ville, qui consistent dans des parties de murailles, en beaux fragments de colonnes de l'empereur Tibère, auprès du lac Génésareth, qui, de ce temps, prit le nom de lac ou mer de Ti-bérius. Au sud de la ville se trouvent les fameux bains chauds, qui sont composés de trois sources d'eau minérale si chaude que M. Belwel ne put y te-nir la main plus de cinquante secondes; cependant un œuf n'y cuirait pas, fût-il même cassé.

Au-dessus de ces sources sont les bains turcs, très fréquentés par les Juifs, qui se rendent aussi beaucoup dans une excavation dans le roc non loin de là, et à laquelle ils portent une grande vénération,

parce qu'ils croient que c'est la tombe du patriarche,
Jacob. Après l'avoir visitée, nos voyageurs se rendirent au lac, fâchés de voir qu'il n'y eût ni bateau
ni canot qui les mît à même de faire une excursion
sur les flots, comme le faisait souvent Notre-Seigneur
lorsqu'il instruisait le peuple de dessus le navire,
et quand il fit le miracle par lequel le pêcheur ramena tant de poissons qu'il y en eut pour nourrir
tout le monde, et comme il fit aussi quand son disciple Pierre, sur l'ordre qu'il en avait reçu du Sauveur, marcha sur les eaux.

— C'est ici, dit Alfred, que Notre-Seigneur marcha sur les eaux; c'est d'ici qu'il ordonna aux plus
humbles d'abandonner leurs occupations pour devenir ses disciples, les ennoblissant ainsi pour toute
l'éternité. Tout ce qui m'environne me semble plein
de lui; c'est certes le plus beau lac du monde. Quel
malheur que nous n'ayons pas un bateau pour en
explorer les rives! nous pourrions voir Corazin,
Capharnaüm, et d'autres lieux qui furent témoins
des miracles du Seigneur.

— Je suis réellement fâché que nous ne le puis-
sions pas, répondit son père; mais je peux vous assurer que, indépendamment de ce que ces circonstances lui donnent un charme secret à nos yeux,
ce lac est de beaucoup inférieur à ceux que j'ai vus
en Suisse; et, quoique ce soit une belle nappe d'eau,
il ne saurait certainement pas être comparé à notre
lac Lech-Lomond, car le pays qui l'environne n'a
aucun trait caractéristique.

— Mais il abonde en souvenirs frappants, historiques et sacrés, dit Alfred, dont l'enthousiasme
croissait à mesure qu'il parlait; car ici les croisés
levèrent l'étendard de la croix, et en chassèrent les
infidèles; ici habitèrent des Juifs qui diffèrent de la
race persécutée, en ce qu'ils descendent de familles
transplantées ici dans les jours du Seigneur, et y ont
consacré leur ancienne synagogue et un petit collége.

— Il est vrai, il y a ici beaucoup de choses qui
méritent de fixer notre attention; mais je ne vois
rien de remarquable que la petite communauté de
chrétiens qui, quoique peu nombreux et pauvres,
se réunissent cependant chaque matin, comme nous
l'avons vu aujourd'hui, pour remplir leurs devoirs et
confesser leur foi. Dans mon opinion, leur position
est touchante et honorable : je me sens attiré vers
eux plus que je ne puis l'exprimer.

Tout en conversant ainsi, ils parvinrent sur l'un
des bancs du lac, où les pêcheurs jetaient leurs filets
de la rive; et quoiqu'ils ne prennent point une grande
quantité de poissons, y en a toujours abondamment
pour la ville; ce poisson est délicieux.

Une deuxième nuit très désagréable leur fit prendre le parti de continuer leur voyage. Se levant donc
de grand matin, ils éveillèrent leur suite, et retournant en partie sur leurs pas, ils prirent la direction
du mont Thabor.

Ils arrivèrent à une vallée où les Arabes avaient
tendu leurs tentes de drap noir, et observèrent que
ce camp ne ressemblait pas mal à celui des Bohémiens

qui parcourent l'Angleterre. La pente pour arriver
au sommet de la montagne leur parut fatigante ;
mais la vue magnifique dont ils y jouirent les en ré-
compensa au centuple. L'atmosphère était sereine,
l'air embaumé, et le silence qui régnait dans toute la
nature leur donna l'idée que ce devait avoir été pendant un beau jour comme celui-là que, aux mêmes
lieux, le Seigneur se tranfigura, que sa figure brilla
comme le soleil, et que ses vêtements furent aussi
blancs que la lumière, « et que Moïse et Elie descendirent des cieux et conversèrent avec lui, en présence
des apôtres Pierre, Jacques et Jean. »

Cette belle montagne, dont il est parlé si souvent
dans l'histoire du Rédempteur, est également célèbre
dans l'ancien Testament. Au sud sont les montagnes de Samarie ; au nord, celles de Gilboa ; au
nord-est, le mont Hermon, couvert de neige, et le
mont Carmel est à l'ouest. Quoiqu'en général l'apparence du mont Thabor soit de forme conique, cependant le sommet en est couronné d'un belle plaine
plantée d'arbres. C'est sur une des projections de
cette plaine que les guides assurèrent que la transfiguration de Notre-Seigneur eut lieu.

Plongés dans une sainte dévotion, et heureux d'a-
voir pu visiter cette sainte montagne, ils continuèrent
leur voyage vers Saint-Jean-d'Acre, passèrent à
Saphouri, où quelques-unes des troupes de Napoléon avaient tenu quartier. Ils arrivèrent à Saint-Jean-
d'Acre, et furent reçus par les moines d'un couvent
pour lequel ils avaient des lettres ; ce qui fit qu'ils ne
durent pas chercher un khan pour y loger.

Saint-Jean-d'Acre, autrefois Acho, ou Acco, ou Aché, est situé sur les bords de la Méditerranée, et peut, à juste titre, être appelé la clef de la Terre-Sainte. Depuis quelques années, cette ville est devenue importante pour les Anglais, parce que ce fut là que Bonaparte éprouva le plus grand échec dans sa campagne d'Egypte, par sir Sidney-Smith, qui, à bord du *Tigre*, de quatre-vingt-quatre canons, prit toute une flottille française chargée d'artillerie, et obligea le général à lever le siége et à quitter la Syrie.

La ville, qui a la forme d'un arc, est située à l'extrémité d'une baie, non loin du mont Carmel, et pendant les croisades elle fut témoin de bien des combats sanglants. Donnée par Richard d'Angleterre à l'ordre des chevaliers de Saint-Jean de Jérusalem, ils y ajoutèrent leur titre de Saint-Jean; mais, après un siége long et meurtrier, elle leur fut reprise par les Turcs en 1291, et depuis elle est toujours restée au pouvoir des Musulmans, perdant graduellement de son importance, quoiqu'elle compte dix mille habitants.

Leur première sortie du couvent excita leur indignation contre le dernier pacha Djezzar, dont les horribles cruautés ont fait bien des malheureux qu'on ne saurait contempler qu'avec horreur. Les uns n'ont plus d'yeux, qui leur ont été arrachés par ses ordres; les autres n'avaient qu'un bras; d'autres, le nez fendu. Le nombre de ces atrocités était si grand que la ville était devenue un objet de terreur et d'épouvante. Il avait beaucoup de femmes ; mais le nombre n'en pouvait être connu, car il les sacrifiait sous le plus léger prétexte, les assassinant souvent de ses propres mains. Dans un accès de frénétique jalousie, il fit un jour massacrer quarante personnes sous ses yeux dans son sérail. Un de ses soldats ayant une fois bu du lait sans l'avoir payé, il le fit éventrer ; ayant une autre fois soupçonné les douaniers de l'avoir trompé, il en choisit soixante qu'il fit placer dans le lieu où ses soldats faisaient leurs exercices militaires, et, à certain signal, les têtes de ces malheureux volaient de leurs épaules, leurs corps étaient exposés pour devenir la proie des oiseaux sauvages. Son propre médecin ayant, dans une circonstance, encouru son mécontentement, il ordonna qu'on lui coupât le nez ; s'apercevant que l'exécuteur, par pitié et par respect pour un homme de mérite, n'avait coupé que le bout du nez, le brutal pacha saisit son canjare, et coupa tout le nez de l'exécuteur.

On dit que ce misérable méditait de s'emparer de sir Sidney-Smith ; heureusement celui-ci échappa aux griffes de ce monstre, dont le plus grand plaisir consistait dans la destruction et la misère de son espèce. Malheureusement sa vie se prolongea jusqu'à quatre-vingts ans ; ses esclaves le trouvèrent un matin mort d'une attaque d'apoplexie, et l'on trouva sous son chevet une liste des noms de beaucoup de personnes qui devaient être décapitées le lendemain. On dit que c'était un homme fort bien fait, à longue barbe blanche, et la physionomie féroce. Son revenu

était immense , et son avarice , comme sa cruauté ,
sans bornes. Il est remplacé par un pacha distingué
par son humanité , autant qu'il l'était par sa férocité
infernale.

De Saint-Jean-d'Acre ils allèrent au mont Carmel,
dont la montée leur parut difficile; ils allèrent au
couvent, maintenant inhabité, construit sur l'emplacement où Elisée avait fixé sa résidence. Il fut , pendant le séjour de l'armée française , occupé comme
hôpital. Le 20 juillet, les chrétiens y font une procession en commémoration du prophète dont l'histoire
est liée à cette montagne qui, quoique alors dans une
grande sécheresse, est parfumée par des plantes aro-
matiques pour lesquelles elle est renommée.

D'Acre à Jérusalem, il y trois routes : la première
par la côte , en passant à Césarée et à Jaffa ; la seconde , par Nazareth , et la troisième, par les plaines
d'Esdraëlon.

Ils quittèrent Saint-Jean-d'Acre avec plaisir pour
se rendre à Tyr , en prenant leur chemin par Zib ,
l'Achzib de l'Ecriture-Sainte; ils suivirent aussi la
route qu'on dit avoir été ouverte par Alexandre-le-
Grand, traversant un rocher énorme appelé le Pro-
montoire-Blanc, du haut duquel ils jouirent de la
vue d'un paysage étendu et magnifique. Sur la route
ils virent beaucoup de tombes élevées par les Arabes
à des personnes qualifiées du titre de saint ; toutes
étaient blanchies à la chaux , ce qui se renouvelle
souvent , et dont nous trouvons des exemples du
temps même de Notre-Seigneur. A Rasley, ils virent

aussi un aqueduc construit par Salomon, pour payer
Hiram, roi de Tyr, de ce qu'il avait fourni les ma-
tériaux nécessaires à la construction du temple de
Jérusalem; preuve nouvelle de la sagesse de Salomon
dans ses ouvrages pour le bien de l'humanité. Ils y
furent accueillis par un vieux prêtre grec, portant
le titre d'archevêque, et qui leur donna un logement
très médiocre dans cette cité autrefois si grande et
si fameuse, où les marchands étaient princes, où les
robes d'écarlate, vêtement des rois, appelé la pourpre de Tyr, fabriquée et teinte, formait la principale branche des richesses d'un peuple dont les en-
treprises commerciales excédaient de beaucoup celles
d'autres peuples cités dans l'histoire.

— Comme Tyr, dit M. Belwel, était peut-être la
plus orgueilleuse et la plus florissante des villes de
l'antiquité, plusieurs des prophéties les plus redou-
tables la concernaient, et aujourd'hui elles sont réali-
sées de la manière la plus frappante. Observez, Alfred,
que, dans l'origine, il y avait deux Tyr : la Tyr insu-
laire, assise sur une petite île rocailleuse, et la Tyr
continentale, ville d'une vaste étendue sur la côte
opposée, à un demi mille de la mer, qui fut démolie
par Nabuchodonosor, dont les ruines éparses occupaient dix-neuf milles en circonférence. Je crois que
c'est de cette ville dont Ezéchiel dit : « Tu ne seras
plus rebâtie; on te cherchera, mais on ne te retrou-
vera plus. » Je crains donc que nous ne la cherchions
en vain; mais je n'en désire que davantage de voir
cette partie de la Syrie qui résista si courageusement

à Alexandre-le-Grand, car j'ai toujours considéré le siége de Tyr comme la chose la plus remarquable dans la carrière victorieuse du vainqueur.

Ils trouvèrent les misérables restes de cette cité, jadis si renommée, située à l'extrémité d'une péninsule qui autrefois était séparée du continent et était une île. Elle était entourée de forts murs, de tours, dont quelques-unes existent encore, quoique la mer en couvre beaucoup, ainsi que l'a prédit le prophète. On ne saurait trouver de situation plus favorable pour le commerce; et le port, qui lui donna pendant plusieurs siècles la souveraineté des mers, reçoit encore maintenant de grand navires qui viennent y jeter l'ancre; mais, en détournant la vue, tout est si misérable aux environs, tout prouve si bien la terrible colère céleste, qu'ils en partirent avec empressement le lendemain, pour se diriger sur Sidon.

Leur première halte fut à un khan, à environ mi-chemin de cette dernière ville; de là ils purent voir le village de Sarepta, où Elisée habita chez une veuve dont le sac de farine et la cruche d'huile ne désemplissaient jamais, et dont il ressuscita l'enfant mort.

Ils purent distinguer la ville de Sidon, située à une grande distance; elle est dominée par le Liban, montagne qu'Alfred désirait si ardemment voir de plus près, pour examiner les cèdres qui la rendent si célèbre depuis des siècles.

— Sidon est une très ancienne ville, dit M. Belwel, car elle était déjà très grande du temps de Josué, ayant été fondée par le fils aîné de Canaan. Plusieurs sciences et arts y ont pris naissance, particulièrement l'alphabet et l'arithmétique, qui, à juste titre, peuvent être considérés comme les choses les plus utiles découvertes par l'homme; la première fabrication du verre eut lieu ici, ainsi que la sculpture en bois est attribuée aux Sydoniens, qui maintenant nomment leur ville Jaïda.

— Le Sauveur a-t-il prêché à Sidon, mon père?

— On le suppose généralement; saint Paul, avant de s'embarquer pour l'Italie, y faisait sa demeure.

Il entrèrent alors dans cette antique cité, qui n'est plus qu'une misérable petite ville; elle s'élève en amphithéâtre depuis la mer, et contient environ sept mille habitants, tandis que Tyr n'en a que quatre mille. Il s'y fait encore un commerce considérable de soie écrue, de belles couleurs pour teindre, de bottes, de souliers et de pantoufles en cuir de Maroc. Les murailles sont en ruines ainsi que le château que l'on dit avoir été construit par un roi de France; mais les jardins sont beaux et riches, le pays étant doux; ces jardins donnent à la ville un aspect enchanteur, vue à une certaine distance. Alfred désirait beaucoup être présenté à lady Ester Stanhope, qui habite les environs; mais cela n'étant pas possible, il fut obligé de se contenter d'entendre l'éloge de sa noble compatriote sortir de toutes les bouches; on l'appelait partout la Princesse.

En quittant Sidon pour aller à Damas, ils passèrent la première nuit au monastère de Saint-Salvadère, auquel ils parvinrent en traversant les montagnes. Ce couvent est situé à une telle hauteur qu'il domine tout le pays jusqu'à Saint-Jean-d'Acre et une grande étendue de la Méditerranée. Au bruit d'une cloche, ils virent tous les moines, au nombre de quarante, placés avec ordre, le supérieur faisant lecture ; quand il eut terminé, ils soupèrent, mais nos voyageurs ne mangèrent point avec eux ; il leur fallut attendre que les moines se fussent retirés. Ils étaient tous de l'ordre de Marandi, portant des robes bleues, de hauts bonnets, et ayant les cheveux pendants le long du dos. A la pointe du jour il continuèrent leur route, désirant passer par le mont Liban.

Dans le courant du jour suivant, ils rencontrèrent plusieurs bandes d'Arabes inquiétants et impertinents, mais qui ne se portèrent à aucun acte hostile. Il portaient un petit bonnet rouge, avec un linge autour formant le turban, des pantalons de toile descendant jusqu'au bas des jambes, et des pantoufles, mais pas de bas. Les femmes portaient une coiffure en pain de sucre et une longue écharpe blanche qui couvrait la figure.

Ces nuits sans sommeil sont favorables aux voyages, et Alfred, excité par l'espoir de voir les cèdres du Liban, fut bientôt prêt, et pressa son père de partir. La route passa pendant quelque temps par un pays boisé ; les cascades jaillissaient de tous côtés ; la vigne et l'olivier croissaient partout, et devant eux la montagne s'élevait dans sa majestueuse beauté, couronnée de nuages qui empruntaient toutes les formes fantastiques, et se jouaient sur les flancs du

7..

Liban. Il est ainsi nommé de *Leban*, blanc, parce qu'il y a toujours de la neige sur le sommet. La montée est très fatigante, et l'on est souvent obligé de la faire à pied. La route, depuis le village d'Eden, qui est situé très agréablement dans une vallée au pied du mont, a environ cinq milles; mais les fameux cèdres ne sont pas sur le sommet de la montagne, et ne sont point aperçus par ceux qui montent, parce qu'ils sont dans la vallée, au pied de la partie la plus haute. Le pays, sur le flanc de la montagne, paraît stérile, et les arbres sont réunis en masses; et, de là, les cèdres sont les seuls arbres qu'on voie sur le Liban. Il y en a peut-être cinquante; mais notre jeune pélerin observa que leur apparence actuelle ne répondait en aucune manière à leur ancienne réputation, car il n'en découvrit aucun à grandes dimensions et de grande beauté, quoique, dans certains cas, cinq à si troncs réunis parussent, par leur ensemble, ne former qu'un seul arbre. D'innombrables noms, dont quelques-uns portent la date de 1640, sont gravés sur l'écorce, ce qui prouve leur antiquité, car déjà à cette époque ce devait être de forts arbres.

L'ancien Testament parle si souvent de ces cèdres, et tout ce qui les avoisine de remarquable leur doit tant, qu'il ne peut exister aucun doute qu'autrefois ils devaient être très nombreux; cependant nous voyons que, même alors, les alentours se vantaient d'en posséder aussi, car Ezéchiel dit : « Les arbres d'Eden sont les plus beaux du Liban. » Dans les chroniques on lit : « Envoyez-moi des cèdres et des alguins du Liban ; » et il est digne de remarque que les noisetiers, l'algum des aciens, sont, de nos jours encore, d'une grande perfection à Eden.

Quand M. Belwel fit cette observation à son fils, celui-ci, qui admirait dans ce moment ce beau village, dit :

— Sans doute, mon père, ce village doit être l'Eden réel, le jardin de Dieu, où l'homme fut créé !

— On serait porté à le croire d'après la description qu'en fait Ezéchiel, dans son chapitre XXXI ; cependant il ne répond pas littéralement à la description antérieure, qui dit expressément qu'il y avait une rivière qui se divisait en quatre bras, qu'on ne trouve point ici. Je suis donc persuadé que le prophète ne parlait que par figure, ou d'après quelque tradition sur le même sujet, qui n'a pas l'authenticité de la définition donnée par Moïse.

Ils montèrent alors, avec la plus grande difficulté, sur le sommet du mont, qui était complétement couvert de neige, et si froid que, quelque étendue que fût la vue qui se présentait devant eux, ils n'en purent jouir et ne trouvèrent pas que sa beauté égalât beaucoup d'autres perspectives qu'ils avaient admirées. Ils retournèrent donc sur leurs pas aussi vite que possible ; mais la roideur de la pente, les flancs raboteux, les profondes cavités remplies de neige, rendaient leur marche très périlleuse et fatigante.

Ils arrivèrent enfin à la descente sud-est, auprès d'un clair ruisseau, et s'assirent avec plaisir pour se reposer et se rafraîchir. Ils eussent été heureux de réparer leurs forces par un sommeil bienfaisant ; mais ayant fait prix avec leur muletier pour les accompagner aux ruines célèbres de Balbeck ; ils furent obligés de se mettre en route.

Ils avaient encore à passer bien des montagnes couvertes d'arbrisseaux, parmi lesquels le myrte, l'amandier et le poirier étaient fréquents ; mais leur fatigue était telle qu'ils résolurent de s'arrêter au premier endroit où ils rencontreraient un abri.

Ils s'arrêtèrent avec plaisir au village de Bead, à une petite distance du lieu où ils se rendaient, et, malgré tous les inconvénients, ils goûtèrent un peu de repos, et se levèrent rafraîchis pour explorer les ruines de Balbeck.

XIV

Magnifiques ruines de Balbeck. — Le temple. — Le théâtre. — Désir d'Alfred d'y rester. — Damas. — Lieu où saint Paul fut converti. — Coutume des Turcs. — Désir de voir Palmyre. — Départ pour Homs· — Caravane. — Esclaves géorgiens, etc.

QUOIQU'ILS s'attendissent à voir beaucoup de belles choses, d'après la description faite par les voyageurs en Orient, sur ce qui concerne les célèbres ruines de Balbeck, la réalité surpassa de beaucoup leurs espérances. Cette cité, disent quelques auteurs, jadis si somptueusement ornée, a été construite par Salomon ; d'autres , qu'elle doit son origine à l'empereur Adrien. Sa beauté et sa magnificence prouvent que , quel que soit celui qui la fit construire , il possédait non-seulement la richesse et le pouvoir , mais aussi le génie , l'industrie et l'adresse. A la première vue , on en conçoit l'idée d'une ville récemment bombardée ; il est de fait que les Turcs en ont miné et fait sauter les plus belles parties par simple amour du mal, si commun chez les ignorants et les stupides, tels que sont les Musulmans.

— Voyez cette magnifique rotonde, mon père , s'écria Alfred ; elle est d'architecture corinthienne ; elle est supportée par six colonnes de marbre, et ornée d'aigles romaines.

Mais son père était attiré plus loin par la vue d'une pile énorme de bâtisses dont il ne concevait pas l'usage, et qui était composée de monolithes qui leur parurent de plus grande dimension que ceux qui composent la grande pyramide. Au-delà ils pénétrèrent sous une magnifique arcade qui les conduisit au temple , objet particulier de la curiosité des voyageurs , et qui est probablement le plus beau modèle d'antiquité qui existe.

M. Belwel pensa que ce monument ressemblait beaucoup à celui de Saint-Paul , à Londres ; les colonnes qui le supportent sont hautes de cinquante-quatre pieds , et ont six pieds de diamètre ; les côtés latéraux comptent quatorze piliers chacun, et le monument est enrichi d'une sculpture exquise,

représentant diverses scènes de la mythologie , quoiqu'il soit supposé que le temple ait été élevé dans le
principe en l'honneur du soleil. L'intérieur est divisé en trois ailes, ainsi que les églises anglaises. L'on
monte à l'autel, à la partie supérieure, par trois marches ; il est orné jusqu'à profusion de fleurs et d'oiseaux sculptés, disposés avec le goût le plus pur , et
exécutés avec le plus grand talent. En revenant de
contempler ces objets, il fut frappé à la vue des restes d'une colonnade où six piliers d'une beauté sans
pareille restaient encore debout , et supportaient une
prodigieuse architrave richement embellie ; en y regardant de plus près , ils reconnurent qu'ils étaient
une partie de vingt colonnes qui , de chaque côté ,
avaient autrefois formé une avenue conduisant à ce
temple sans égal. Ils se convainquirent encore là que
les monolithes , en beaucoup d'endroits, étaient bien
plus grands que ceux des pyramides , car en ayant
mesuré trois , placés extrémité contre extrémité , ils
comptèrent que leur longueur était de cent quatre-
vingt-dix pieds. Tout , dans ce temple , rappelait le
grandiose et le beau , soit en conception , soit en
exécution.

De là ils allèrent au théâtre , dont il reste peu de
chose. Traversant un passage souterrain orné de
bustes , ils pénétrèrent dans un carré environné de
bâtiments qui avaient l'apparence d'un palais , ayant
de chaque côté une double rangée de colonnes supportant des galeries, et, dans la cour, un grand portique à colonnes corinthiennes, chacune d'un seul

bloc de marbre , et des plus belles proportions. Ces galeries avaient deux cents pieds de longueur, ornées de festons sculptés, et dans leur disposition régnaient la perfection du dessin et la délicatesse de l'exécution.

Il est impossible de donner une idée exacte de la beauté et de la majesté de ces constructions en ruines ; le pinceau peut mieux remplir cette tâche que la plume ; et, si le temps le lui avait permis, Alfred aurait bien volontiers consacré deux ou trois jours à les dessiner ; leur vue lui inspira un goût si décidé pour l'architecture , que par la suite il se voua entièrement à cette étude.

Il y a encore quelques habitants disséminés au milieu de ces ruines solennelles, ct, il y a environ un siècle, il y en avait encore des milliers ; mais, en 1759, un grand nombre y périt dans un tremblement de terre. Un beau ruisseau traverse Balbeck. Alfred fut si charmé de tout ce qu'il voyait que , non content d'examiner , ce qui dura jusqu'au soleil couchant, il demanda à y passer la nuit. Mais M. Belwel ne voulut pas le permettre ; en conséquence ils retournèrent au village de Bead , et ce bon père promit que, s'il était possible, avant qu'ils ne quittassent définitivement le pays , ils iraient voir les ruines de Palmyre ou Tadmor dans le désert.

Reconnaissant de cette bonté , Alfred partit avec plaisir pour Damas, qu'il avait tant souhaité de voir, et qui, surtout après l'avoir aperçue du Liban, lui paraissait mériter toute son attention , comme étant le jardin du monde ; mais cette ville offrait un bien plus grand intérêt aux chrétiens, puisque c'est là qu'eut lieu la conversion de saint Paul. Cette étonnante circonstance, considérée comme un fait isolé, a peut-être fait plus que toute autre chose pour établir la vérité de sa mission apostolique, et pour étendre la foi divine sur la terre.

Vers midi du second jour, après un voyage* fatigant, ils virent Damas devant eux dans toute sa beauté, assise au milieu d'une vaste plaine, semblable à un jardin somptueux, d'où l'on voyait surgir des minarets, des dômes, des tours qui annonçaient une cité composée de palais ; au milieu de cela, une rivière d'eau pure, le plus précieux des dons de la nature sur un sol aride.

En arrivant à la porte, on leur imposa une forte taxe, et tout ce qu'ils virent leur annonça les mauvaises dispositions des habitants pour les chrétiens. Selon leur coutume, ils allèrent au monastère où, après quelque délai, ils furent admis, mais non avec cette franchise et cette cordialité qu'ils avaient trouvées chez tous les autres moines. Le jour suivant, ils se mirent en route pour aller visiter la porte de l'Est, par laquelle devait entrer saint Paul, furieux contre les disciples de Jésus-Christ, et armé de tous les pouvoirs contre eux, lorsque la grâce divine l'arrêta dans sa marche, le convertit à la vraie foi, et lui apprit à lui-même à souffrir pour la cause pour laquelle il voulait faire souffrir les autres.

Alfred observa que l'esprit de haine et de persécution de Saul n'était point éteint, car il était évident que, malgré leur habillement qu'ils avaient renouvelé d'après la façon des Damascènes, avant de partir du couvent, ils furent néanmoins reconnus comme étrangers, et mal vus. La ville a environ deux milles de longueur; les rues sont étroites, ce qui est favorable dans les pays chauds, puisque cela donne beaucoup d'ombre ; mais les maisons étant toutes en briques non cuites, la beauté qu'ils avaient remarquée de loin disparut, quoiqu'ils n'eussent jusqu'alors vu aucune ville comparativement aussi importante que Damas.

La Bible parle souvent de cette ancienne ville de *Damas* qui occupait un rang distingué parmi les plus puissantes cités de l'Asie. Trois prophètes annoncèrent le sort fatal qui lui était réservé pour la punir de ses crimes.

A la prière d'Achaz, roi de Juda, le puissant Théglatphalazar, qui poursuivait les Assyriens, ruina la ville de Damas, dont le prince Rasin avait assiégé Jérusalem, et tenté de s'emparer du fils de David; les habitants furent transférés à Kir, et Rasin lui-même périt sous les coups du vainqueur. Achaz vint à Damas remercier Théglaphlazar d'avoir été l'instrument de sa vengeance; puis il fit construire des autels semblables à ceux qu'il avait trouvés dans la capitale de la Syrie, car il ne faisait point ce qui était agréable au Seigneur, immolant des victimes et offrant de l'encens sur les collines et sous tous les arbres chargés de feuillage.

La prophétie d'Isaïe contre Damas et terrible.

« Damas cessera d'être une ville, et elle deviendra comme un monceau de ruines.

» La forteresse sera ôtée à Ephraïm, et le règne à Damas; les restes des Syriens périront comme la gloire des enfants d'Israël, dit le Seigneur des armées.

» L'Assyrien sera comme un moissonneur qui cueille les blés et dont le bras enlève les épis, comme celui qui ramasse les épis dans la vallée de Raphaïm.

» Ce qui restera d'Israël sera comme quelques grappes de raisin laissées par les vendangeurs ; ce sera comme lorsqu'on secoue un olivier, et qu'il reste deux ou trois olives au bout d'une branche, ou quatre ou cinq au haut de l'arbre, parce que vous avez oublié le Dieu qui vous a sauvés. »

Jérémie entre dans de plus grands détails sur les malheurs de cette ville. Dans son style rempli d'images, il personnifie cette cité, et raconte ainsi ses infortunes futures :

« Damas a perdu courage ; elle fuit de toutes parts, elle est pénétrée de frayeur, elle est accablée de douleurs qui la pressent et qui la déchirent.

» Comment n'a-t-on pas épargné cette ville si renommée, cette ville de délices ?...

» Je mettrai le feu aux murs de Damas, et il dévorera le palais de Benadab. »

Enfin Amos prédit les mêmes calamités à cette ville populeuse.

« Après les crimes que Damas a commis trois ou quatre fois, je ne changerai point l'arrêt qui a été prononcé contre elle, parce qu'ils ont fait passer des chariots armés de fer sur les habitants de Galaad.

» Je mettrai le feu dans la maison de Hazad, et les palais de Benadab en seront consumés.

» Je briserai la force de Damas; j'exterminerai de la vallée de l'Idole ceux qui l'habitent; je chasserai de la maison d'Eden celui qui en tient le sceptre, et le peuple de Syrie sera transporté à Hir : c'est le Seigneur qui l'a dit. »

Nos villes modernes n'ont pas, comme Damas ou les autres villes voisines de la Judée qui se trouvaient sans cesse en contact avec le peuple juif, leur histoire ainsi racontée par les oracles de Dieu même. A peine si elles gardent dans leurs misérables archives, vingt fois détruites et mises en cendres, quelques pages de leurs annales; et encore ce sont des hommes sujets à l'erreur, passionnés, crédules, ignorants, qui ont recueilli quelques faits pour les léguer à une postérité parfois incrédule. Mais les livres saints sont des chroniques bien autrement certaines, bien autrement durables. C'est la vérité même qui les a dictées, c'est l'Eternel, le maître des événements qui les conserve à jamais pour notre instruction. On peut dire que Bossuet fut le continuateur des historiens sacrés et des prophètes. Bossuet, au coup d'œil d'aigle, Bossuet, à la foi ardente, à la conviction sincère, dans son admirable *Histoire universelle*, a bien peint Dieu gouvernant les empires d'une main invisible et mystérieuse, les abattant et les relevant quand il le voulait. Les annales des peuples gouvernés par celui qui créa d'un mot le ciel et la terre sont pleines d'intérêt : on y voit que dans ce vaste univers, où tant d'ambitions se croisent et où s'opèrent tant de révolutions, rien ne se fait que pour la gloire de Dieu et le bonheur de l'homme ; et ainsi la plus faible créature, si elle croit, sait que tout a un but ; elle explique les événements les plus incompréhensibles, et se repose dans la pensée que Dieu veille sur tout ce qui lui appartient.

Damas n'est pas pour moi la ville des puissants califes, la ville aux armes acérées et étincelantes, la ville populeuse et autrefois intolérante, la ville assise à l'entrée du désert, couronnée de fleurs, rafraîchie par des eaux vives, délicieux séjour qu'enrichissent les nombreuses caravanes parties de Bagdad, d'Alep, de la Mecque; c'est pour tout chrétien qui se souvient de la conversion de saint Paul un lieu à jamais mémorable où l'implacable ennemi du christianisme naissant se voit terrassé par une force invincible, cherche à se révolter contre l'aiguillon qui le presse, se débat sous la main divine qui le veut enchaîner, rugit comme un lion, et cède enfin à Dieu, tombant épuisé de fatigue et aveuglé par les flots de lumière qui l'éblouissent.

Après Jésus-Christ, qui est au-dessus de toute comparaison, et qui ne doit pas même entrer dans nos misérables calculs, saint Paul est la figure la plus imposante qui nous apparaisse sur la scène évangélique. Il résume en lui la charité active et persévérante, un zèle qui dévore, et l'éloquence des prophètes ; son humilité le ravale au-dessous de tous les hommes, au-dessous des balayures au monde ; et d'autres fois, pour le salut de ses frères, il se loue et parle des faveurs inouïes qu'il a reçues ; il aime les chrétiens d'un amour de jalousie ; pour eux il affronte les dangers de la mer et des longs voyages, le fouet et la prison des Romains ; rude et véhément dans son langage, il prêche aux Grecs, les grands maîtres dans l'art du langage, un Dieu nouveau, un Dieu inconnu ; pour soulager ceux qui souffrent, il va d'une ville à une autre, recueille les aumônes des premiers chrétiens ; toujours infatigable, il console, instruit, réprimande tour à tour, châtie son corps ; et, quand les autres sont livrés au sommeil, quand il pourrait demander pour salaire un peu de pain, il le veut gagner en faisant des tentes ou des voiles.

Voyons comment s'opère cette grande métamorphose de Saul auprès des portes de Damas. La conversion de saint Augustin, sous un figuier, dans le jardin domestique, et sous les yeux d'un ami, s'accomplit avec toutes les précautions, si l'on peut parler ainsi, de la charité divine la plus tendre et la plus compatissante aux faiblesses humaines. Dieu semble ménager le fils de Monique, et l'appelle doucement à lui ; mais ici c'est la foudre du ciel qui frappe et qui renverse le persécuteur des chrétiens, le Juif fanatique observateur de la vieille loi : il fallait comme toute la puissance d'un Dieu pour conquérir ce redoutable adversaire.

« Cependant Saul, qui ne respirait encore que menaces et que

carnage contre les disciples du Seigneur, alla trouver le grand-
prêtre,

» Et lui demanda des lettres pour les synagogues de Damas,
afin que, s'il trouvait quelques personnes qui eussent pris ce parti,
hommes ou femmes, il les emmenât prisonniers à Jérusalem.

» Mais, lorsqu'il était en chemin et qu'il approchait déjà de
Damas, il fut tout-à-coup environné d'une lumière qui venait du
ciel.

» Et, étant tombé par terre, il entendit une voix qui lui dit :
Saul, Saul, pourquoi me persécutez-vous?

» Il répondit : Qui êtes-vous, Seigneur? Et le Seigneur lui dit :
Je suis Jésus que vous persécutez; il vous est dur de regimber
contre l'aiguillon.

» Alors, tout tremblant et effrayé, il dit : Seigneur, que voulez-
vous que je fasse?

» Le Seigneur lui répondit : Levez-vous et entrez dans la ville;
on vous dira là ce qu'il faut que vous fassiez. Or, ceux qui l'accompagnaient dans son voyage s'arrêtèrent tout étonnés; car ils
entendaient une voix et ne voyaient personne.

» Saul se leva de terre, et, quoiqu'il eût les yeux ouverts, il ne
voyait point; on le conduisit donc par la main, et on le mena à
Damas,

» Où il fut trois jours sans voir, et sans boire ni manger.

» Or, il y avait à Damas un disciple nommé Ananie, à qui le
Seigneur dit dans une vision : Ananie; et il répondit : Me voici,
Seigneur.

» Le Seigneur lui dit : Levez-vous et vous en allez dans la rue
qu'on appelle la *Droite* (1), et cherchez dans la maison de Judas (2)
un nommé Saul de Tarse; car il y est en prière.

» Et en même temps Saul avait une vision où il voyait Ananie
qui entrait et lui imposait les mains, afin qu'il recouvrât la vue.

» Seigneur, répondit Ananie, j'ai entendu dire à plusieurs per-

(1) Elle subsiste encore dans toute sa longueur : c'est la plus grande de la ville;
elle la traverse d'une extrémité à l'autre, d'orient en occident. Ses édifices sont autant de magasins où sont étalées les plus riches marchandises de l'Asie. (D.GÉRAMB.)

(2) On signale aujourd'hui cette maison, ainsi que celle qu'habitait, dans la
même rue, à quarante pas plus loin, le disciple Ananie, et où, si l'on en croit la
tradition, il fut enterré. Tout auprès est une fontaine où fut puisée l'eau qui servit
au baptême de l'apôtre.

sonnes combien cet homme a fait de maux à vos saints dans Jérusalem.

» Et même il est dans cette ville avec un pouvoir des princes des prêtres pour amener prisonniers tout ceux qui invoquent votre nom.

» Le Seigneur lui repartit : Allez le trouver, parce que cet homme est un instrument que j'ai choisi pour porter mon nom devant les gentils, devant les rois, et devant les enfants d'Israël.

» Car je lui montrerai combien il faut qu'il souffre pour mon nom.

» Ananie s'en alla donc, et, étant entré dans la maison où était Saul, il lui imposa les mains, et lui dit : Saul, mon frère, le Seigneur Jésus, qui vous a apparu dans le chemin par où vous veniez, m'a envoyé afin que vous recouvriez la vue, et que vous soyez rempli du Saint-Esprit.

» Aussitôt il tomba de ses yeux comme des écailles, et il recouvra la vue; et, s'étant levé, il fut baptisé.

» Ayant ensuite mangé, il reprit des forces, et il demeura durant quelque temps avec les disciples qui étaient à Damas.

» Il se mit aussitôt à prêcher Jésus dans les synagogues, assurant qu'il était le fils de Dieu.

» Tous ceux qui l'écoutaient étaient frappés d'étonnement, et ils disaient: N'est-ce pas là celui qui persécutait si cruellement dans Jérusalem ceux qui invoquaient ce nom, et qui est venu ici pour les emmener prisonniers et les remettre aux princes des prêtres ?

» Mais Saul se fortifiait de plus en plus et confondait les Juifs qui demeuraient à Damas, leur démontrant que Jésus était le Christ.

» Longtemps après, les Juifs résolurent ensemble de le faire mourir.

» Saul fut averti du dessein qu'ils avaient formé contre sa vie ; et comme ils faisaient garde jour et nuit pour le tuer,

» Les disciples le prirent et le descendirent durant la nuit, le long de la muraille, dans une corbeille....»

En 1832, l'abbé Tustet, jeune lazariste, qui servait obligeamment de cicerone à D. Géramb, lui montra pieusement la fenêtre ou l'espèce de créneau par lequel les chrétiens, avertis que les Juifs voulaient tuer saint Paul, favorisèrent son évasion à l'aide des ténèbres de la nuit.

Ainsi, après deux mille ans, les souvenirs religieux relatifs à la conversion de saint Paul, à son séjour dans la ville de Damas, et aux circonstances de son heureuse fuite, se conservent en entier pour la gloire de Dieu et l'édification des chrétiens.

A présent que nous avons payé notre tribut à la mémoire de Paul, donnons à nos lecteurs le récit de la bataille célèbre qui se livra sous les murs de Damas pendant les croisades ; nous nous bornerons à ce fait intéressant entre tant d'autres qui se passèrent près de là à cette célèbre époque.

Au temps de la seconde croisade, cette principauté, attaquée tour-à-tour par les Francs, les Ortokides, les Atabeks, et presque réduite à sa seule capitale, appartenait à un prince musulman, qui n'avait pas moins à se défendre de l'ambition des émirs que de l'invasion des ennemis étrangers. Noureddin, maître d'Alep et de plusieurs autres villes de la Syrie, avait déjà fait des tentatives pour s'emparer de Damas, et n'abandonnait point l'espoir de la réunir à ses autres conquêtes, lorsque les chrétiens résolurent de l'attaquer.

La ville était défendue par de hautes murailles du côté de l'orient et du midi ; vers l'occident et le nord, elle n'avait pour défenses que ses nombreux jardins plantés d'arbres, où s'élevaient de toutes parts des palissades, des murs de terre, et de petites tours, dans lesquelles on pouvait placer des archers. Les croisés, prêts à commencer le siége, résolurent, dans un conseil, de s'emparer d'abord des jardins. On espérait y trouver des fruits et de l'eau en abondance; mais l'entreprise n'était pas sans grandes difficultés; des vergers qui s'étendaient jusqu'au pied de l'Anti-Liban présentaient comme une vaste forêt, traversée par des sentiers étroits, où deux hommes pouvaient à peine marcher de front. Les infidèles avaient fait partout des retranchements où ils pouvaient résister sans péril aux attaques de leurs ennemis. Rien ne put cependant ralentir la bravoure et l'ardeur de l'armée chrétienne, qui pénétra de plusieurs côtés dans les jardins. Du haut des tourelles, du milieu des enceintes fermées de murailles, du sein des arbres touffus, il partait des nuées de traits et de javelots. Chaque pas que faisaient les chrétiens dans ces lieux couverts était marqué par un combat opiniâtre. Cependant les infidèles, attaqués sans relâche, furent à la fin obligés d'abandonner les positions qu'ils occupaient et qu'ils avaient fortifiées.

En revenant à des temps plus rapprochés de nous, jetons un coup d'œil sur la situation agréable de cette ville, et sur ses édifices publics et particuliers.

« Damas est située au pied de l'Anti-Liban, à quarante-cinq lieues de Jérusalem; des collines couvertes d'arbres et de verdure s'élèvent dans le voisinage de la ville; dans son territoire se trouvent plusieurs bourgs, dont quelques-uns ont conservé un nom dans l'histoire. Une rivière qui tombe à grand bruit du haut des montagnes roule sur un sable couleur

Terre Sainte. 8

d'or, se sépare en plusieurs bras, arrose la ville, et
porte la fraîcheur et la fertilité dans la vallée d'*Aben-
nef-Sage* ou des *Violettes*, plantée de toutes sortes
d'arbres fruitiers. La ville de Damas était déjà célèbre
dans la plus haute antiquité; elle avait vu s'élever
et tomber la ville de Palmyre, dont on admire encore les ruines dans son voisinage. Ezéchiel vante
ses vins délicieux, ses nombreux ateliers et ses laines
d'une blancheur admirable; plusieurs passages de
l'Ecriture représentent Damas comme un séjour de
de délices et de voluptés. On admirait la beauté de
ses jardins, la magnificence de ses édifices, dont
plusieurs étaient construits en marbre de différentes
couleurs.

» Damas, conquise tour à tour par les Hébreux,
par les rois d'Assyrie, par les successeurs d'Alexan-
dre, tomba ensuite au pouvoir des Romains. Dès le
siècle d'Auguste, les prédications de saint Paul l'a-
vaient remplie de chrétiens; vers le commencement
de l'hégire (ère des mahométans qui commence en
622, époque à laquelle Mahomet s'enfuit de la Mecque), elle fut assiégée et prise par les lieutenants des
califes; une grande partie des habitants, qui, après
une capitulation honteuse, allaient chercher un asile
à Constantinople, furent poursuivis dans leur fuite,
atteints et massacrés par leurs farouches vainqueurs,
sur le territoire de Tripoli.

» Depuis cette époque, Damas, qui forma un gouvernement ou principauté, resta toujours au pouvoir
des musulmans.

» Les rues de la ville, à l'exception de celles qui avoisinent le sérail, sont en général extrêmement étroites, et d'autant plus sales que pour la plupart elles sont mal pavées, ou même ne le sont pas du tout ; celle où habitent les Franciscains était tout-à-fait impraticable. Les bons pères la firent paver à leurs frais de fort belles pierres carrées. Le pacha, en ayant été averti, eut la générosité, remarquable chez un Turc, de ne pas ordonner que l'ouvrage fût détruit ; il se contenta de condamner le couvent à une amende de quarante bourses en expiation de ce méfait. C'est surtout quand il a plu que la malpropreté des rues est affreuse : on ne peut y passer sans mettre le pied dans une boue profonde et épaisse.

» Les maisons, construites en bois et en briques, et crépies avec de la boue employée comme mortier, sont, ainsi que toutes celles de la Turquie, sans fenêtres au dehors. La porte, semblable au guichet d'une prison, est si basse qu'il faut se courber péniblement pour y entrer. Tout à l'extérieur n'annonce que pauvreté et misère ; mais à peine a-t-on franchi le seuil qu'on se trouve, comme par enchantement, transporté dans un monde nouveau. A la suite d'un petit corridor fort sombre, on a tout-à-coup devant soi une magnifique cour pavée de marbre blanc, ornée d'un bassin également de marbre, que couronne une bordure de jasmins d'Arabie, d'orangers, de citronniers, et de fleurs odorantes. Du milieu du bassin s'élève un jet d'eau limpide qui, retombant en gerbe, entretient une agréable fraîcheur. Sur

les côtés sont les chambres et les salons destinés à
recevoir les personnes du dehors. Les sculptures,
les dorures, les glaces, les meubles somptueux les
porcelaines rares, les pendules des formes les plus
belles, les tapis d'étoffes recherchées ; en un mot,
tout ce que le progrès des arts peut fournir au luxe
le plus élégant et le plus riche, s'y trouve réuni avec
autant de profusion que de goût.

» A la suite de ces brillants appartements, dans
plusieurs habitations, viennent des jardins abondants
en légumes, en fruits, surtout en prunes, en abri-
cots et en raisins délicieux. Le meilleur raisin, m'a-
t-on assuré, est celui qui provient de Dakaïa, et
voici la raison que les Turcs donnent très sérieuse-
ment de son excellence : « Mahomet jouait un jour
aux échecs avec le bon Dieu : il eut soif, et pour se
rafraîchir il demanda des raisins. Au moment où il
en prenait une grappe, quelques grains s'échappèrent
de ses doigts, et, comme il se trouvait précisément
au-dessus du village de Dakaïa, ils y tombèrent sur
un sol que le ciel semblait avoir préparé exprès. Les
graines, dégagées de leur enveloppe, germèrent, et
avec le temps donnèrent le bois merveilleux auquel
est dû le plus exquis des raisins de Damas.

» Les diverses maisons que j'ai visitées, et dont
j'ai pu remarquer la magnificence, appartiennent à
des chrétiens qui ne possèdent pas une fortune de
plus de cent mille écus. Celles des Turcs, qui sont
plus opulents, les surpassent en grandeur et en beauté.
Je n'ai pu y pénétrer : hors des cas extraordinaires,

il n'y a que des musulmans qui y soient introduits.

» Les plus considérables des édifices particuliers sont les palais des agas. Le château est une forteresse dont l'étendue présente l'aspect d'une seconde ville. Les murailles en sont délabrées. Les cinq tours qui le défendent, quoique très anciennes, sont en bon état. Les pierres ont cela de remarquable qu'elles sont taillées à facettes.

» Les bazars et les khans de Damas sont très nombreux et la plupart très beaux. Il en est de spécialement destinés à un seul genre d'industrie ou de commerce ; mais dans les uns ou dans les autres on trouve en entrepôt ou en vente, outre les produits du pays, les étoffes les plus précieuses des Indes, et presque toutes les marchandises de l'Europe. Les bazars neufs sont les plus magnifiques : la construction en est de la plus grande élégance ; ils sont éclairés par des lucarnes. Celui de ces édifices qui m'a paru le plus vaste et le plus imposant est le khan d'Assad-Pacha ; il rappelle par sa forme extérieure la halle au blé de Paris.

Damas était autrefois environnée de trois fortes murailles garnies de tours, dont la première seule reste encore. Selon Josèphe, Damas fut construit par Uz, fils d'Aram ; il est dit qu'Eliézer, serviteur d'Abraham, y habita ; elle peut donc, sans aucun doute, être considérée comme la plus ancienne ville du monde, à laquelle il reste encore quelques vestiges de son importance primitive.

— Quoique les maisons, vues des rues, paraissent

misérables, dit Alfred, je dois avouer que j'aime les terrasses qui sont d'un usage si commun dans tout l'Orient, et dont on se sert ici comme de jardins, et où l'on sèche le lin, le linge, etc.

— Les habitations des grands sont délicieuses, répondit M. Belwel, par leurs cours quadrangulaires, qui sont ici plus belles qu'à Jérusalem, quoique la même description soit applicable aux deux villes. Les appartements sont couverts de tapis et de riches divans avec des coussins, sur lesquels les indolents Turcs s'étendent à leur aise, fumant le tabac le plus exquis, et prenant le meilleur moka.

En passant auprès des cafés, ils y voyaient toujours des Turcs rassemblés; un emplacement frais, un tchébouk (pipe à long tuyau), du café et du sorbet, composent tout leur amusement. Ces cafés ne sont composés que de piliers supportant un plafond, n'ayant pour planchers que la terre et des bancs de bois tout autour. Le lieu le plus favorisé de ce genre et dans une petite île de la rivière, où les arbres et les nattes ajoutent considérablement à cette scène enchanteresse, que les Turcs considèrent comme le plus grand bonheur.

Les provisions y sont bonnes et abondantes, les fruits beaux et peu chers, et le vin fort et odorant. Les bazars sont grands, nombreux et bien ordonnés, et l'adresse extrême des Damascènes pour la fabrication des lames de sabre est encore sans pareille. On dit que l'eau y a une qualité particulière pour la trempe de l'acier.

On y fabrique aussi des manches de couteau ornés de fleurs en or , et leur adresse à incruster les métaux ne saurait avoir d'égale, même en Europe. L'art de manufacturer la soie de Damas y a été inventé ; nos voyageurs y firent l'emplète de plusieurs robes à un prix raisonnable.

Quand ils eurent examiné la ville et qu'ils y furent restés assez de temps pour renouveler leurs forces après les fatigues essuyées au Liban , M. Belwel commença à prendre des renseignements sur leur voyage projeté à Palmyre ; mais les moines les dissuadèrent fortement de l'entreprendre ; ils leur représentèrent, de la manière la plus vive, la presque impossibilité d'arriver à une certaine distance dans cette partie du désert , sans être accompagné d'un guide arabe dont la fidélité même ne garantirait pas la sûreté ; puisqu'il pourrait être exposé à la colère d'une autre tribu ; et ils ajoutèrent que lady Ester Stanhope avait payé une somme si forte à ces Bédouins, qu'ils étaient devenus très exigeants dans leurs demandes.

M. Belwel réfléchit longtemps à tout ce qu'il avait appris, répugnant de ne pas satisfaire son fils, dont les tendres soins, les égards attentifs et l'ardeur à noter ce qui leur arriverait pendant le voyage lui inspiraient le désir de le satisfaire, en ornant son esprit de tout ce qui était remarquable et possible. Ayant été informé que, depuis peu, quelques voyageurs anglais avaient obtenu une escorte à Homs, il résolut de pousser jusqu'à ce village , et d'y prendre les meilleures mesures possibles.

Ils visitèrent l'emplacement où l'on dit qu'était située la maison d'Ananias, quand saint Paul y vint.

Ils furent surtout frappés, selon ce que dit le prophète, que la rue appelée *Droite*, qu'il habita, fût
en tout exacte à la description ancienne; elle traverse
en ligne directe toute la ville, que les Turcs nomment
Scham, Shem, et disent avoir été bâtie par le fils
de Noé.

M. Belwel acheta deux vêtements ordinaires, semblables à ceux portés par les Arabes, pour leur éviter
d'être imposés à une taxe trop forte. C'étaient des
pantalons de toile commune, un burnous ou manteau, un petit bonnet ou calotte en toile, un
mouchoir rouge roulé sur la tête, et des sandales
aux pieds.

Ainsi équipés, ils partirent pour Homs, et eurent
la satisfaction de rencontrer une grande caravane de
pèlerins de la Mecque, qui offrait un spectacle nouveau et intéressant. Des chameaux, des chevaux,
des mules, ayant tous des sonnettes au cou, faisaient
un bruit qui contrastait avec le silence profond du
désert. Il y avait aussi plusieurs tackterwans, espèce
de voitures qui, dans l'Orient, tiennent lieu de nos
équipages à quatre roues. Elles ressemblent à des
chaises à porteurs, auxquelles sont attelés devant et
derrière des chevaux au lieu d'hommes; d'autres
ressemblent à des berceaux d'enfants, et disposées
comme des paniers sur le dos des chameaux. Le
drapeau vert, bannière du prophète, les précédait.
Peu après ils virent un spectacle qui leur fit pitié.

C'étaient de jeunes filles géorgiennes, achetées ou
volées à leurs parents, et que l'on conduisait pour
être vendues comme esclaves. Cette caravane s'étant
arrêtée pendant qu'un riche marchand faisait prix
pour une jeune fille qui avait sa sœur avec elle, nos
voyageurs eurent occasion de les remarquer, et furent saisis de la terreur qui s'empara de la pauvre
enfant à l'idée d'être séparée de sa sœur. La vue de
leur douleur, de leur désespoir, fit une telle impression sur M. Belwel, et lui rappela si fortement ses
chères filles, qu'il résolut de ne pas perdre de temps
aussitôt après cette excursion, et de retourner dans
sa patrie pour remplir ses devoirs de père ; et Alfred
partagea si vivement ce désir qu'il regrettait presque
de n'être pas plutôt en marche vers la mer que vers
le désert, afin de s'embarquer et d'arriver plus
promptement chez eux.

XV

LE premier et le second jour, ils trouvèrent un
khan passable sur leur route à Homs; après ils fu-

rent obligés de se contenter des choses les plus com-
munes ; et le troisième jour, exténués de fatigue et
percés par la pluie, ils supplièrent, mais en vain,
d'être admis dans un village : ils avaient perdu tout
espoir de succès quand, arrivés jusqu'à la dernière
maison, non-seulement les personnes qui l'habitaient
les accueillirent ; mais leur fournirent ce dont ils
avaient besoin, sans en attendre aucune récompense.
Mais M. Belwel ne voulut pas partir sans leur laisser
un généreux témoignage de sa reconnaissance, pour
les encourager à ne pas imiter leurs grossiers voisins.

Arrivés à Homs, leur premier soin fut de chercher
les Arabes qu'on leur avait désignés comme les plus
propres à les guider ; en conséquence, cinq Arabes
qui se vantaient d'avoir accompagné Malaka ou la
Reine, c'est ainsi qu'ils désignaient lady Stanhope, se
présentèrent, et, s'accroupissant avec beaucoup de
dignité, se mirent à fumer leur tchébouk et à faire
leurs conditions. Leur chef s'appelait le scheik Salec,
jeune homme de quinze ans, mais qui paraissait aussi
attaché au *filusse* (argent) qu'aucun des plus vieux. Il
parla successivement de deux mille, de mille, de huit
cents piastres ; ses offres furent rejetées, il se retira
très outré, et, pendant quelques jours, nos voyageurs
crurent qu'ils avaient fait ce voyage inutilement. Mais
un chrétien qui vint les voir leur offrit de les accompagner à Tadmor avec deux amis sur lesquels il pou
vait compter, répondant de rendre le tout facile.
Alfred désirait bien que son père s'arrangeât avec cet
homme ; mais M. Belwel ne le pouvait pas ; car, con-

naissant le caractère des Arabes , il savait que , si
l'on n'est point leur ami , ils pouvaient devenir des
ennemis dangereux ; et quoiqu'il ne doutât point
qu'ils n'augmentassent de beaucoup le péril et la distance, afin d'obtenir un prix plus élevé , il ne put se
convaincre que cet homme fût sincère, en disant
presque le contraire des Arabes , d'après tout ce qui
lui en avait été dit par les pères à Damas. Pendant
que ceci se passait, les Arabes reparurent, et, après
avoir témoigné leur étonnement de ce qu'ils n'étaient
pas encore retournés à Damas, ils proposèrent de
reprendre le marché.

Après toutes les discussions et les efforts pour tirer
le plus qu'ils pourraient, ils convinrent de six cents
piastres, qui ne devaient être payées qu'à leur retour
à Homs, et les deux voyageurs se dépouillèrent devant
eux pour leur faire voir qu'ils ne portaient rien de
valeur qu'ils craignissent qu'on leur dérobât.

Avec cette précaution et huit jours d'attente, ils
partirent accompagnés des enfants d'Ismaël.

Ils avaient trois chameaux, autant de conducteurs,
deux outres remplies de lait , et des habits de peaux
de chèvre pour les garantir de la pluie. Ils voyagèrent
longtemps à travers un pays agréable et sain , sans
aucune trace de chemin, sans aucun objet qui leur
indiquât leur route, de manière qu'il était évident
qu'ils étaient à l'entière discrétion de leurs guides.
Après cinq à six heures de marche, l'un des guides
hâta le pas et les devança, et fut bientôt hors de vue ;
mais, en arrivant au lieu vers lequel il s'était dirigé

avec tant de précipitation, ils le virent qui avait ramassé des broussailles et allumé du feu. Nos voyageurs s'arrêtèrent près d'une source pour déjeuner ; ce qu'ils firent en trempant du pain dans du beurre et du miel mélangés. Aussitôt que ce repas fut terminé, les Arabes se mirent en route.

Dans la soirée ils atteignirent le camp des Arabes dont dépendait leur escorte ; là un vieux scheik et ses deux fils les reçurent avec bienveillance, mais considérèrent beaucoup leurs vêtements pour deviner s'ils appartenaient à une classe élevée.

Par leurs manières, par les questions qu'ils firent aux guides, ils inspirèrent quelques soupçons ; ils interrogèrent M. Belwel sur le but de son voyage, et stipulèrent une part dans le trésor qu'ils ne doutaient pas que nos voyageurs allaient chercher à Palmyre. Ils leur assignèrent un logement sous leur tente, éloigné d'eux, et leur servirent des perdrix rôties, en jetant une aile et une cuisse à chacun, puis du pain, du beurre et du miel que l'un des Arabes pétrit entre ses mains.

Au coucher du soleil, ils firent leurs prières, et il fut plaisant pour nos pélerins de voir ce peuple féroce faire ses dévotions avec la plus grande solennité, se courbant et baisant la terre à la fois. Ensuite ils se mirent à souper ; le repas terminé, on désigna aux voyageurs le lieu où ils devaient passer la nuit.

L'entière dépendance dans laquelle ils se trouvaient, la singularité de leur position, les privèrent quelque temps des bienfaits du sommeil ; enfin ils y cédèrent en se recommandant à la Providence qui veille à la fois sur les cités et les déserts. En se réveillant le lendemain, ils virent un rassemblement dans la tente, et comprirent qu'il était arrivé de nouveaux hôtes; et, en suivant le scheik dans sa tente, ils aperçurent beaucoup d'autres arrivants, et apprirent qu'il se préparait une fête.

Bientôt un grand nombre d'Arabes furent assis avec beaucoup d'ordre; le vieux scheik présidait une réunion d'autres scheiks, et une corde séparait ceux-ci du commun des Arabes. On servit un déjeuner composé d'un pâté cuit et de chair de chameau; et, quoique le grain fût mal moulu, les voyageurs y trouvèrent de la saveur. Ils remarquèrent qu'on envoyait dans d'autres tentes des portions du repas pour les femmes et les enfants; par la grande quantité de viande qui fut dévorée et envoyée, il leur parut qu'on devait avoir tué plusieurs chameaux. Cette scène était nouvelle et amusante, et, quoiqu'elle retardât leur départ de quelques heures, ils ne regrettèrent point d'y avoir assisté.

La nuit suivante, ils couchèrent sous une tente que leurs guides s'étaient procurée; le matin suivant ils se remirent en route, et vers trois heures ils aperçurent le but de leur voyage. La première vue de la ville de Palmyre, de la vallée des Tombeaux, leur parut si belle et si magnifique, qu'ils en furent saisis d'admiration; toutes les fatigues qu'ils avaient éprouvées s'effacèrent de leur mémoire. Depuis plusieurs jours ils n'avaient aperçu nulle habitation, ce

qui rendait encore plus frappante la ruine d'une
immense ville dans le désert. La blancheur éblouis-
sante d'innombrables colonnes et d'autres édifices
contrastait avec la couleur jaune du sable et pro-
duisait un effet surprenant. En arrivant au milieu de
ces ruines célèbres, leurs sensations perdirent
beaucoup de leur force; car, quoiqu'à une distance
ce tableau fût sublime, à l'examen chaque objet en
particulier offrait moins d'intérêt qu'ils ne s'y étaient
attendus : quelle que fût la beauté de ces ruines,
elles étaient bien inférieures à celles de Balbeck.
Leur grand mérite consiste dans leur étendue, car
elles occupent un mille et demi. L'avenue si renommée du temple du Soleil n'a pas plus de trente pieds
de hauteur, et les plus belles colonnes de Palmyre
n'excèdent pas quarante pieds. Tous les chapiteaux
sont d'ordre corinthien, ce qui donne à l'ensemble
une identité entre tous les édifices; mais les colonnes cannelées, qui avaient autrefois des chapiteaux
ioniques en bronze, étaient sans aucun doute magnifiques. Les voûtes les plus rapprochées du temple,
tant admirées dans les dessins, sont en réalité insi-
gnifiantes, et la sculpture en est grossière et mauvaise. Les tombes sont curieuses et d'une autre
construction que celles qu'ils avaient vues avant :
c'étaient des tours carrées, hautes de plusieurs
étages, et situées hors des murs de la ville. L'intérieur de quelques-unes est peint, d'autres en stuc, et
l'on y voit des parties de momies éparses çà et là.

En passant par la grande avenue des colonnes, ils

virent un frontispice portant une inscription hébraï-
que sur l'architrave découverte par M. Bankes, dont
les recherches suivies ne sauraient être trop estimées.
Il y a à Palmyre une source d'eau tiède sulfureuse.
Le désert qui est près de cette ville produit une
grande quantité de sel qui fait la principale branche
de commerce des environs.

Ils couchèrent près des ruines ; au soleil levant,
ils se mirent en marche pour s'en retourner, Alfred
regrettant la peine et les dépenses que son désir de
voir Palmyre avait occasionnées à son père. Ils
virent beaucoup de gazelles, espèce de daim très
léger et très beau ; ils furent aussi témoins de la levée
d'un camp arabe : les meubles furent entassés sur les
chameaux, les troupeaux les suivaient, puis venaient les femmes portant leurs enfants sur le dos.
M. Belwel fit observer à son fils que leur voyage
méritait d'être entrepris pour l'intérêt qu'inspirent
des peuples si remarquables, et qui prouvaient si
bien l'accomplissement des prophéties.

Leurs observations personnelles leur inspirèrent
une bonne opinion des Arabes, quant à leur conduite dans les relations sociales de la vie ; quoique
leur main soit levée contre tout homme qui n'est
point des leurs, cependant ils sont bons, hospita-
liers et gais. Les procédés de leurs scheiks ont de la
dignité et de la politesse ; mais, s'ils possèdent des
manières supérieures, ils ont aussi plus de ruse. La
classe inférieure ne montra jamais aucune disposi-

tion au vol ou à l'avarice, dont on accuse les chefs avec justice, quand on a à traiter avec eux.

Ils arrivèrent à Homs sans qu'il se passât rien de remarquable. Ayant payé leur scheik, fait un présent à leurs guides dont ils étaient très satisfaits, et après avoir fait un long adieu aux voyages dans les déserts, ils se dirigèrent vers Tripoli par Eden, ou Aden, et revirent le haut Liban, dont le front est toujours couvert de neige.

Tripoli leur parut la ville la moins malpropre qu'ils eussent vue en Syrie; les maisons sont bâties en pierres et bien construites. La ville est située au pied d'une montagne, entourée de jardins où abondent l'oranger et le citronnier. Le port est à une distance considérable de la ville, et n'est pas très bon; mais M. Belwel ayant trouvé l'occasion de s'embarquer pour Chypre, il en profita, dans la persuasion que de cette île il passerait facilement à celle de Rhodes, et de là en Europe.

Les arrangements furent pris avec tant de précipitation qu'Alfred eut à peine le temps de savoir qu'elle sensation l'emportait sur l'autre dans son esprit; mais, lorsque du pont du navire il vit fuir le rivage, que le Liban devenait insensiblement comme une tache dans les cieux, ses yeux devinrent humides, il tendit involontairement les bras vers la Syrie.

— Adieu, pays cher quoique dégradé, s'écria-t-il; ton souvenir ne s'effacera jamais de ma mémoire. Je n'oublierai jamais ces émotions sublimes que tu as fréquemment excitées en moi, Contrée de mon Sauveur, adieu! Que ne suis-je un croisé pour combattre pour ta délivrance!

— Cette pensée, dit son père en l'interrompant, est peut-être naturelle en ce moment; mais je ne doute pas que, avant d'apercevoir les montagnes de notre chère patrie, vous reconnaîtrez que, si cette terre a été le séjour de Notre-Seigneur Jésus-Christ, elle ne peut plus être considérée comme étant le lieu où il est le plus adoré.

A Chypre, ils logèrent au couvent de Sainte-Marie, où le supérieur les accueillit avec empressement. A leur grande joie, ils reprirent leurs vêtements d'Europe; mais l'île étant sujette à une maladie dangereuse, ils ne voulurent point s'y arrêter et trouvèrent une occasion de passer à Rhodes.

Alfred remarqua que les femmes de Chypre broient le blé entre deux pierres, ainsi qu'il est écrit dans le Testament, et comme le docteur Clarke le vit à la Terre-Sainte. Ces femmes étaient grandes et gracieuses dans leurs personnes; leur tête est ornée d'une coiffure pyramidale, comme les anciennes idoles chypriotes; elles ont les cheveux tressés et pendants jusqu'à terre. Une grande quantité d'ornements surchargeaient leur personne, et le bout de leurs doigts était teint en rouge. Elles sont industrieuses; on élève beaucoup de vers à soie à Chypre.

Au moment de s'embarquer, des nuées de sauterelles assaillirent l'île; les dégâts causés par ces insectes sont trop connus pour les décrire. Les

Arabes les mangent, et il n'y a aucun doute que saint Jean en fit sa principale nourriture dans le désert, et non de l'arbre locuste, comme on l'a supposé. Quand on les apprête, on enlève les jambes et les ailes, on les fait frire, et on les saupoudre avec du sel et du poivre.

En débarquant à Rhodes, Alfred se rappela que le colosse de bronze, l'une des merveilles du monde, était autrefois situé à l'entrée du port, et que les chevaliers de Malte avaient jadis possédé cette île où ils vivaient dans la splendeur.

Voici ce que rapporte M. de Châteaubriand sur cette ville célèbre que nos voyageurs ne purent visiter, attendu qu'une épidémie terrible décimait ses habitants.

« Il me tardait, dit M. de Châteaubriand, de jeter du moins un regard sur cette fameuse Rhodes, où je ne devais passer qu'un moment.

» Un couvent à demi-ruiné, et desservi par deux moines, est tout ce qui rappelle à Rhodes cette religion qui y fit tant de miracles. Les pères me conduisirent à leur chapelle. On y voit une vierge gothique, peinte sur bois : elle tient son enfant dans ses bras : les armes du grand-maître d'Aubusson sont gravées au bas du tableau. Cette antiquité curieuse fut découverte, il y a quelques années, par un esclave qui cultivait le jardin du couvent. Il y a dans la chapelle un second autel dédié à saint Louis, dont on retrouve l'image dans tout l'Orient, et dont j'ai vu le lit de mort à Carthage.

» Le port marchand de Rhodes serait assez sûr si l'on rétablissait les anciens ouvrages qui le défendaient. Au fond de ce port s'élève un mur flanqué de deux tours. Ces deux tours, selon la tradition du pays, ont remplacé les deux rochers qui servaient de base au colosse. On sait que les vaisseaux ne passaient point entre ses jambes, comme le répètent encore quelques géographies. Assez près de ce premier port se trouve la darse (partie intérieure du port) des galères et le chantier de construction. On y bâtissait alors une frégate de trente canons, avec des sapins tirés des montagnes de l'île ; ce qui m'a paru digne de remarque.

» Les rivages de Rhodes, du côté de la Caramanie (la Doride et la Carie), sont à peu près au niveau de la mer; mais l'île s'élève dans l'intérieur, et l'on remarque surtout une haute montagne, aplatie à sa cime, citée par tous les géographes de l'antiquité. Il reste encore à Lindes (village de l'île au sud de Rhodes) quelques vestiges du temple de Minerve. Camire et Ialyse ont disparu. Rhodes fournissait jadis de l'huile à toute l'Anatolie : elle n'en a pas assez aujourd'hui pour sa propre consommation. Elle exporte encore un peu de blé. Les vignes donnent un vin très bon, qui ressemble à ceux du Rhône : les plants en ont peut-être été apportés du Dauphiné par les chevaliers de cette langue, d'autant plus qu'on appelle ces vins, comme en Chypre, *vins de Commanderie.* »

Le climat de cette île est sain ; l'année n'y a pas
un jour sans soleil ; les montagnes y sont encore
couvertes de belles forêts ; on n'y trouve point d'a-
nimaux malfaisants, excepté les reptiles ; il n'y a
point de rivière, mais partout des sources : toutes
les céréales peuvent y croître : le tabac, le coton,
et toutes sortes d'arbres fruitiers y réussissent. Les
jardins de Rhodes avaient autrefois une grande
renommée. Virgile a célébré ses gros raisins ; on
vantait ses oranges et surtout ses roses qui, aux
temps primitifs, étaient l'emblème de l'île, et parta-
gèrent avec le soleil la gloire de lui donner un nom.
Dans le siècle dernier, sa population était encore de
80,000 âmes ; la barbarie fiscale des beys, les impôts
dont ils ont écrasé les habitants, et le monopole de
toutes les productions qu'ils ont exercé, ont ruiné
le pays ; plus de jardins, plus de moissons ; et sa population n'est à présent que de 16,000 habitants.

» Rhodes sort, comme un bouquet de verdure, du
sein des flots : les minarets légers et gracieux de ses
blanches mosquées se dressent au-dessus de ses belles
forêts de palmiers, de caroubiers, de sycomores, de
platanes, de figuiers. — Ils attiraient de loin l'œil du
navigateur sur ces retraites délicieuses des cimetières
turcs, où l'on voit chaque soir les musulmans couchés sur le gazon de la tombe de leurs amis, fumer
et conter tranquillement, comme des sentinelles qui
attendent qu'on vienne les relever, comme de hommes indolents qui aiment à se coucher sur leurs lits,
et à essayer le sommeil avant l'heure du dernier

repos... — Caractère oriental des bazars, boutiques
moresques en bois sculpté, rue des Chevaliers, où
chaque maison garde encore intacts sur sa porte les
écussons des anciennes maisons de France, d'Angleterre, d'Espagne, d'Italie et d'Allemagne. Rhodes
a de beaux restes de ses fortifications antiques ; la riche végétation d'Asie qui les couronne et les enveloppe leur donne plus de grâce et de beauté que
celles de Malte. Le ciel semble avoir fait cette île
comme un poste avancé sur l'Asie ; une puissance
européenne qui en serait maîtresse tiendrait à la fois
la clef de l'Archipel, de la Grèce, de Smyrne, des
Dardanelles, de la mer d'Egypte et de la mer de
Syrie.

Obligés de repartir subitement, et par suite du dé-
rangement de leur premier plan, Alfred eut le plaisir de visiter Athènes, Corinthe et d'autres villes de
la Grèce, de cette ancienne terre berceau des héros,
de tous les arts qui charment la vie ; mais il n'entre
pas dans notre plan d'en faire la description. Nous
nous bornons donc à dire que son jeune cœur palpita
d'enthousiasme et fit des vœux ardents pour que la
liberté fût enfin rendue à ce pays.

De Smyrne ils firent voile pour Malte, où saint
Paul fit naufrage en passant en Italie. De Malte ils
s'embarquèrent pour l'Angleterre. Leur voyage fut
long ; cependant, se trouvant à bord d'un navire anglais, où était une société de leurs compatriotes, et
ayant de bons livres, leur temps se passa agréablement. Ils abordèrent à Liverpool, et, quoiqu'ils ad-

mirassent beaucoup cette ville, ils arrêtèrent aussitôt leurs places à bord du bateau à vapeur, qui les porta rapidement vers leur belle Clyde, sur les rives romantiques de laquelle était située leur chère demeure.

M. Belwel, en rentrant dans sa maison, sentit l'absence de celle qui en était la joie et l'ornement ; mais en même temps il sentit qu'il y avait beaucoup de choses dont il devait être reconnaissant. Ses serviteurs le revirent avec joie, et ses amis se félicitèrent de son retour. Bientôt arriva sa sœur qui lui ramena ses filles chéries. Elles avaient beaucoup acquis pendant cette absence. Qui décrira leur joie en revoyant leur père si affectionné, dont la santé était rétablie, et qui promettait de ne plus jamais quitter sa famille !

Des bras de leur père, elles volèrent dans ceux de leur frère. Quelle fut leur surprise de le voir si grand et le teint si noirci ! Combien elles furent enchantées de recevoir de lui les cadeaux qu'il leur apportait de Jérusalem, de Bethléem et de Damas ! Elles ne se fatiguaient pas de l'interroger, et écoutaient attentivement tous les détails qui se combinaient dans leur jeune esprit avec une louable curiosité et la plus pure dévotion. Jamais Alfred ne fut plus cher et plus estimable à leurs yeux que dans ce moment où, en fils soumis, il avait rempli des devoirs sacrés et supporté les dures fatigues d'un jeune pélerin.

FIN.

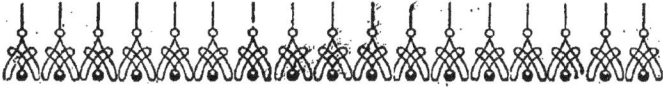

TABLE.

—

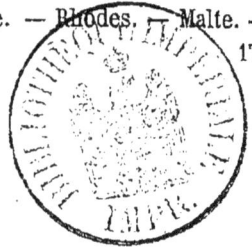

FIN DE LA TABLE.

Isle. — Imp. Ardant frères.

www.ingramcontent.com/pod-product-compliance
Lightning Source LLC
Chambersburg PA
CBHW070636100426
42744CB00006B/711